地域と人口からみる
日本の姿

石川義孝・井上　孝・田原裕子 編

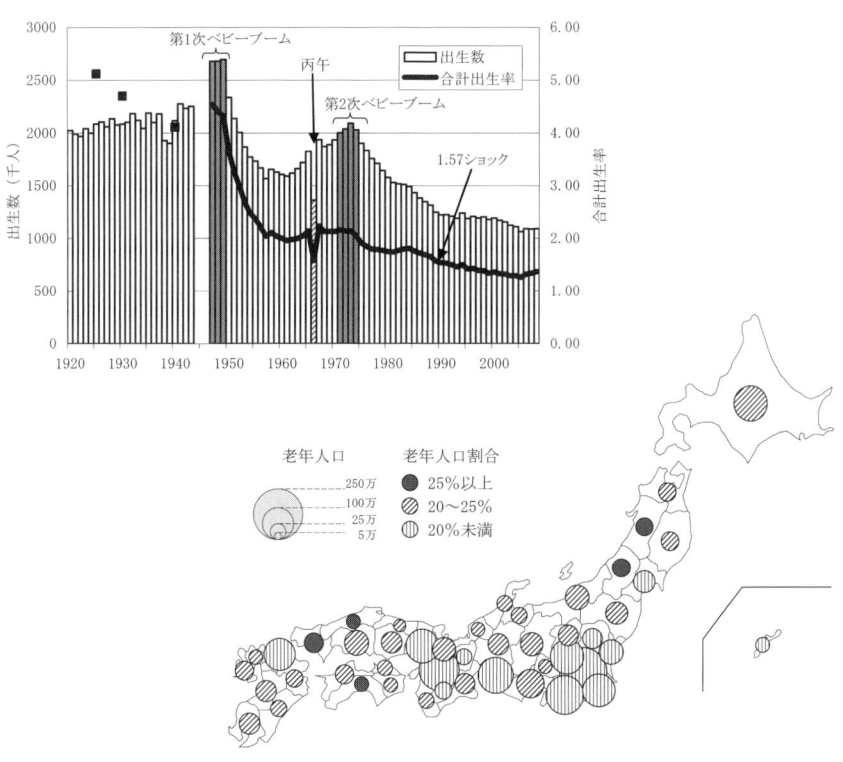

古今書院

The Population Geography
of Contemporary Japan

Edited by
ISHIKAWA Yoshitaka, INOUE Takashi and TAHARA Yuko

ISBN978-4-7722-5253-9
Copyright © 2011 by ISHIKAWA Yoshitaka, INOUE Takashi and TAHARA Yuko

Kokon Shoin Publishers Ltd., Tokyo, 2011

まえがき

　日本の総人口は 2008 年にピークを迎え，2009 年から減少期に入った。人口減少が間近に迫った時期から，これをキーワードに含む書籍や論文が急増してきた。今日では，この語句が新聞やテレビなどのマスコミの記事に登場しない日はない，と言ってもいい。
　現在の人口減は比較的小幅な範囲に収まっているが，今後は年ごとに減少が大きくなっていく。国立社会保障・人口問題研究所の推計（出生中位・死亡中位）によれば，2046年に総人口が 1 億人を切ると予想されており，人口減は 21 世紀の日本に重くのしかかる大きな問題となっている。
　さらに，人口減少は顕著な地域差を伴いつつ進行していることにも，留意の必要がある。ちなみに，首都圏の人口は現在でも依然増加しているが，早晩減少に転じる。一方，地方圏では，2000 年以前から深刻な事態を迎えた自治体が少なくない。

　以上のような状況を踏まえ，編者は，現代日本にとって重要な問題となっている人口というトピックを，地理学的な観点からわかりやすく論じた教科書を作成し，多くの学生諸君にこの問題を的確に理解して欲しい，という思いを共有してきた。わが国の地理学界において人口地理学の専門家は必ずしも多いとは言えないが，現今の厳しい状況は人口地理学者を結集した優れた教科書の作成を要請しているように思われた。
　この教科書は現代日本の人口地理を主な対象とし，必要に応じて，戦後期における大きな変化や海外の動向にも言及することにした。また，人口地理学の従来のテキストは，出生・死亡・移動という人口学的イベントを中心に論じられることが多かった。しかし，疾病，外国人，家族・世帯，結婚，高齢者，移動歴，GIS（地理情報システム）など，今日重要性をまし，かつ研究が進展してきたテーマもある。こうした新しいテーマも積極的に取り込んで，現代日本の人口現象を広く俯瞰できるよう配慮した。
　執筆者からの原稿提出後，3 名の編者で下読みを行い，教科書にふさわしい平易な記述や形式的な面での統一をめざし，原稿の訂正をお願いした（従来は，教科書と銘打っていても，多数の執筆者が加わる教科書は，ともすれば各章の間に記述内容や形式の不統一がしばしばみられ，読者にとっての不親切が目立つケースも散見されてきたからである）。編者からのこのような原稿訂正の依頼に対し，すべての執筆者に丁寧な対応をしていただいたことを大変うれしく思っている。
　以上のような配慮の結果，本書は，大学の新入生のみならず，人口関連の施策を検討する実務家や，現代日本の人口地理に関心を持つ社会人の方々にとっても有用な図書ができあがった，と自負している。

以下，こうした方々に特に有用と思われる本書の編集方針または特長について，具体的に列挙しておきたい。

- 専門用語については，基本的に初出のところに簡潔な解説を加え，また，可能な限り多くの用語を索引に掲載した。そのため，もし用語の意味がわからない場合は，索引を通じて容易にその解説を参照できる形となっている。
- 数式は，すべて言葉による平易な表記（たとえば，自然増加率＝出生率－死亡率）とし，しかも，基本的に四則演算の範囲で表現した。
- 読みやすさを重視し注記はいっさい設けず，付帯的な説明は本文中にカッコ書きで示した。
- 参考文献については，初学者にとって情報過多にならないよう厳選し，原則として各章とも 10 本以内に絞った。

　最後になって恐縮であるが，出版事情の厳しい折りにもかかわらず，本書の刊行をご快諾いただいた古今書院，およびご担当いただいた原　光一氏に厚くお礼申しあげたい。

　　2011 年 1 月 13 日

　　　　　　　　　　　　　　　　　　　　　編者　石川義孝・井上　孝・田原裕子

目　次

まえがき　i

1 全国的な人口分布 ………………………………………………… 1

1.1　地域人口統計について　1
1.2　全国人口の変化　2
1.3　地域人口の変化　3
1.4　3つの指標による考察　6

【コラム】順位規模法則　11

2 出　　生 ………………………………………………………… 12

2.1　少子化はなぜ問題か　12
2.2　少子化に至る過程：出生数と合計出生率の推移　13
2.3　世界の中の日本の「少子化」　15
2.4　近年の日本国内の少子化　17

【コラム】丙午（ひのえうま）　19

3 死亡・疾病 ……………………………………………………… 20

3.1　日本社会における死亡の長期推移　20
3.2　死亡の都市－農村間格差の転換　22
3.3　大都市圏内の死亡の格差　24
3.4　健康の地理的格差を生み出す仕組み　27

4 国内人口移動 …………………………………………………… 29

4.1　人口移動の定義と統計　29
4.2　戦後日本の人口移動の推移　30
4.3　人口移動をめぐる諸現象　33

5 国際人口移動 …………………………………………………… 36

5.1　国際人口移動の推移　36
5.2　国際移動の目的や背景　38

5.3　海外在住の日本人　39

6　在留外国人　43
　　　6.1　在留外国人の推移　43
　　　6.2　多様な在留資格　44
　　　6.3　日本国内の分布状況　44
　　　6.4　ホスト国での定住化　47

7　家族・世帯　50
　　　7.1　世帯の多様化　50
　　　7.2　単独世帯の増加　51
　　　7.3　ひとり親世帯の増加　53

8　性比と結婚　57
　　　8.1　性比とは何か　57
　　　8.2　性比の地域差　57
　　　8.3　結　婚　60
　　　8.4　未婚率の上昇とその地域差　62

9　高齢人口の分布と移動　65
　　　9.1　老年人口の増加　65
　　　9.2　高齢化の地域差　67
　　　9.3　高齢人口移動　70

10　高齢者の生活　73
　　　10.1　世　帯　73
　　　10.2　住まい　74
　　　10.3　就　業　77
　　　10.4　介　護　79

【コラム】アリゾナ州サンシティ　82

11　都市内の人口分布　84
　　　11.1　都市発展の歴史と都市圏の設定　84
　　　11.2　都市圏の空間的拡大と人口分布の変化　86
　　　11.3　都市内の人口分布の変動要因　87
　　　11.4　都市発展のモデル化と今後の課題　88

12 大都市圏の人口地理 ································· 91

- 12.1 三大都市圏の人口　91
- 12.2 大都市圏人口の郊外化　93
- 12.3 郊外化の終焉と都心回帰　95
- 12.4 大都市圏人口のこれから　96

13 地方圏の人口地理 ··································· 99

- 13.1 戦前期における地方圏と大都市圏の人口変動　99
- 13.2 高度経済成長期における地方圏からの人口流出　100
- 13.3 安定成長期における地方圏の人口　101
- 13.4 地方圏における過疎化と集落の問題　103

14 ライフコース，ライフヒストリーと移動歴 ············ 107

- 14.1 ライフサイクルとそれに対する批判　107
- 14.2 ライフコース研究の問題意識　108
- 14.3 縦断データによる移動歴の分析　110
- 14.4 ライフヒストリー研究がとらえようとするもの　112
- 14.5 移動歴研究の魅力　113

15 人口統計とGIS ···································· 115

- 15.1 GISの重要性　115
- 15.2 小地域統計について　115
- 15.3 GISの基本構造　117
- 15.4 実際の分析例：地域メッシュ統計を利用した人口変動分析　118
- 15.5 今後の展望と課題　120

【コラム】 日本の将来推計人口　121

索　引　123

1 全国的な人口分布

　本章では，地域人口統計を扱う際の問題点について簡単に言及したあと，第二次世界大戦後における日本の全国的な人口分布とその変化について論じる。この議論にあたっては，まず全国人口と地域人口の変化について概観し，つづいて，地域人口に関する3つの基本的な指標である人口密度，人口重心，人口集中指数を用いて全国的な人口分布の特徴について考察する。

1.1 地域人口統計について

　本書は，日本の人口，都道府県別人口，市町村別人口等の，いわゆる地域人口を用いて戦後日本の姿を捉えようとするものである。しかし，そうした地域人口の統計を扱う際にはいくつかの問題点に留意する必要がある。それらは以下のように大きく2つの問題に分けられる。

　その一つは定義上の問題である。地域人口という場合，調査時に実際にいた場所ごとに把握される人口（現在人口）なのか，それとも，調査時に居住していた場所ごとに把握される人口（常住人口）なのか理解しておかなければならない。1920年以降5年ごとに実施してきた，日本の最も基本的な人口統計調査である「国勢調査」（1945年は終戦直後のため中止）は，1920年よりしばらく現在人口を対象としていたが，1950年以降は常住人口を対象としている（河邊 1985: 73-78）。今日，その他の人口統計も基本的に常住人口に関するものなので，本書で扱う地域人口は常住人口とみなして差し支えない。

　定義上の問題としては，調査対象に外国人を含むのか否かの違いもある。国勢調査では1950年以降，外国人を含む人口が集計されており，たとえば日本の人口には日本に居住する外国人の人口が算入される一方，外国に長期滞在する日本人は日本の人口に算入されない。また，国勢調査以外の人口統計では，「人口動態統計」（出生・死亡・結婚・離婚・死産に関する統計）など，日本に居住する日本人のみを対象としたものもある。

　2つめは集計上の問題である。日本の人口は，全国人口から市区町村あるいはそれより小さな単位の地域人口（小地域人口）に至るまで，基本的には上述の国勢調査の集計結果をもとに算出されてきた。日本の国勢調査は他国の同種の調査，すなわちセンサスに比べて格段に正確であることが知られているが，それでも2005年国勢調査の未回収率（調査票を回収できず補完的な方法で調査した世帯の割合）は約4.4%に達しており，多少の誤差が含まれていることは覚悟しなければならない。さらに，国勢調査の実施されない中間年（西暦の下1桁が0，5以外の年）の人口は国勢調査以外のデータと照合して推計した人口（これを補間補正人口と呼ぶ）であり，より大きな誤差が生じやすい。

　地域人口を扱う際には，いうまでもなく対象とする地域の領域の変化に注意する必要があるが，これも集計上の問題といえよう。その典型的な例は，市町村合併や編入により

市町村域が変化する場合である。日本の市町村数は第二次大戦終了時に1万を超えていたが，その後市町村合併が積極的に推し進められた結果（特に市町村合併が活発に行われた時期は戦後2回あり，それぞれ昭和の大合併，平成の大合併と呼ばれる），2010年3月には1730前後にまで減少した。そのため，地域人口の長期的推移を把握するには基本的には合併後の市町村域に合わせて過去の人口データを再集計する必要がある。

また，地域人口としては全国人口すなわち「日本の人口」を扱う際にも注意が必要である。日本の人口とは基本的には日本の行政権の及ぶ範囲の人口を意味するが，戦後に限ってもその範囲には少なからず変動があったからである。そのうち最大の変動は1945年に沖縄県がアメリカの占領下に置かれたこと，ならびに1972年に同県が復帰したことである。したがって，通常，沖縄県の人口は1945～71年のあいだ日本の人口に算入されていない。

1.2 全国人口の変化

わが国の人口は，近代以降，明治初めの3千万人強，昭和初めの6千万人強，平成初めの1億2千万人強と，大正期を除き元号の変わり目ごとにほぼ倍増する勢いで増加してきた。しかし，周知のとおり，2009年に日本はついに人口減少時代に突入した。本項では，これに至る経緯を含め第二次世界大戦後における全国人口の変化を概観する。

表1-1は，常住人口を対象とするようになった1950年国勢調査以降における全国人口の推移を示したものである。ただし，2005年までの5年ごとの値ならびに2010年は国勢調査人口を示し，それ以外の年の値は国勢調査人口等をもとに推計された人口を示している。年平均人口増加率は1年あたりの人口増加率をパーセントで表したものであり，人口が減少する場合はマイナスで表記される。この値は，対象期間が1年間の場合は「（期末人口／期首人口－1）の100倍」で計算され，対象期間が5年間の場合は「5乗して（期末人口／期首人口－1）となる値の100倍」で計算される（期首人口は期間開始時の人口，期末人口は期間終了時の人口を意味する）。たとえば，2006年の行に掲載されているのは2005～06年の1年間，2000年の行に掲載されているのは1995～2000年の5年間を対象とした値である。なお，この表には比較のため世界人口の年平均人口増加率も掲載した。

表1-1によれば，日本の人口は1950年の8,300万人あまりからピークの2008年の1億2,800万人強まで，60年弱の間に50％以上の人口増加を示し，2009年以降は減少傾向を示している。この間の年平均人口増加率はほぼ漸減傾向を示しているが，1970～75年の値1.54％が不自然に高いことに気づくであろう。この理由は，前節で述べたように1972年に沖縄県の復帰により同県の人口が加わったこと，ならびに，1971～74年の第2次ベビーブームによるところが大きい。一般に一国の人口増加は，領域の変化等（上述の沖縄県の復帰がその典型例）による特殊要因を除けば，全国の自然増加数（出生数－死亡数）と入国超過数（全国の社会増加数に相当，外国からの流入数－外国への流出数）によって決まるが，日本の人口増加は長らく圧倒的に自然増加によるものであった。すなわち，日本の人口が増加してきたのは出生数が死亡数を上回っていたからであり，人口増加率が漸

表 1-1　全国人口および年平均人口増加率の推移（1950～2012年）

年	人口（千人）	年平均人口増加率（%）	世界の年平均人口増加率（%）
1950	83,200	2.13	
1955	89,276	1.42	1.79
1960	93,419	0.91	1.83
1965	98,275	1.02	1.91
1970	103,720	1.08	2.07
1975	111,940	1.54	1.96
1980	117,060	0.90	1.78
1985	121,049	0.67	1.78
1990	123,611	0.42	1.80
1995	125,570	0.31	1.52
2000	126,926	0.21	1.30
2005	127,768	0.13	1.22
2006	127,901	0.10	
2007	128,033	0.10	
2008	128,084	0.04	
2009	128,032	-0.04	
2010	128,057	0.02	1.20*
2011	127,799	-0.20	
2012	127,515	-0.22	

注：*は2005～10年の値
出典：『人口統計資料集2014』

減してきたのは出生数と死亡数の差が縮まってきたからにほかならない。しかし，出生数と死亡数が拮抗し始めた2005年前後以降は，日本の人口増加に与える影響としてはむしろ入国超過数のほうが大きくなるケースが生じ始めている。ただし，この状態は一時的なものであり，今後，自然増加のマイナス幅の拡大に伴って日本の人口減少に与える入国超過数の影響が小さくなっていくのは間違いない。

　年平均人口増加率を世界と比較すると，いずれの期間も日本の値は世界よりも低く，1950～55年と1970～75年の2期間を除くと大幅に低いことがわかる。また1970年代後半以降における日本と世界の人口増加率は，いずれもおおむね低下していくが，その低下のスピードは日本のほうがきわめて速い。このことは，日本の人口が1970年代後半以降，急速に増加の勢いを弱めていったことを意味する。これに対して，世界の人口増加率は2005～10年でも1.20%と1%を超えているが，1.20%という増加率は，もしこの値が長期間一定ならば，世界人口が58年程度で倍増することを意味し（人口が2倍になるのに要する年数は人口倍増期間と呼ばれ，「70÷年平均人口増加率」で近似的に算出できる），世界人口の増加の勢いは依然として強いことがわかる。

1.3　地域人口の変化

　本節では，第二次世界大戦後における日本の地域人口の変化について論じる。ここでは，その全国的な動向を捉えるため全国を11の地方ブロックに分けて論じる。地方ブロック

表 1-2　地方ブロック別の人口ならびに人口比重の推移（1950～2005年）

地方ブロック	人口（千人）				人口比重（%）			
	1950年	1970年	1990年	2005年	1950年	1970年	1990年	2005年
北海道	4,296	5,184	5,644	5,628	5.1	5.0	4.6	4.4
東北	9,022	9,031	9,738	9,635	10.7	8.6	7.9	7.5
北関東	5,191	5,382	6,747	7,016	6.2	5.1	5.5	5.5
南関東	13,051	24,113	31,797	34,479	15.5	23.0	25.7	27.0
北陸・甲信越	8,052	7,856	8,593	8,619	9.6	7.5	7.0	6.7
東海	8,868	11,778	14,221	15,021	10.5	11.3	11.5	11.8
東近畿	2,607	2,863	3,672	3,838	3.1	2.7	3.0	3.0
西近畿	9,000	14,538	16,742	17,055	10.7	13.9	13.5	13.3
中国	6,797	6,997	7,745	7,676	8.1	6.7	6.3	6.0
四国	4,220	3,904	4,195	4,086	5.0	3.7	3.4	3.2
九州・沖縄	13,012	13,017	14,518	14,715	15.5	12.4	11.7	11.5
合　計	84,115	104,665	123,611	127,768	100.0	100.0	100.0	100.0

資料：国勢調査

の区分は，［北海道］：北海道，［東北］：青森・岩手・宮城・秋田・山形・福島，［北関東］：茨城・栃木・群馬，［南関東］：埼玉・千葉・東京・神奈川，［北陸・甲信越］：新潟・富山・石川・福井・山梨・長野，［東海］：岐阜・静岡・愛知・三重，［東近畿］：滋賀・奈良・和歌山，［西近畿］：京都・大阪・兵庫，［中国］：鳥取・島根・岡山・広島・山口，［四国］：徳島・香川・愛媛・高知，［九州・沖縄］：福岡・佐賀・長崎・熊本・大分・宮崎・鹿児島・沖縄，とする。これらのうち南関東，東海，西近畿の3地方が三大都市圏（東京圏，名古屋圏，大阪圏）とおおむね一致する。すなわち，南関東と同一の1都3県が東京圏，東海から静岡を除いた3県が名古屋圏，西近畿に奈良を加えた2府2県が大阪圏となる。

　表 1-2 は，1950，70，90，2005年の4年次について，上述の11地方ブロックの人口，ならびに全国人口に対する各地方の人口の割合（人口比重）を示したものである。この表では沖縄県の復帰以前の1950，70年の値にも同県の人口が含まれる。

　表 1-2 によれば，1950～2005年の55年間に四国を除く10地方において人口が増加しているが，人口比重が上昇したのは南関東，東海，西近畿の3地方のみであり，この間に大都市圏への人口集中が進んだことがわかる。こうした人口集中は，三大都市圏以外の地域すなわち非大都市圏から大都市圏への大量の人口移動によってもたらされたことがわかっている。これら3地方の人口比重の上昇幅は，南関東の11.5ポイントが東海の1.3ポイント，西近畿の2.6ポイントを大きく上回っており，東京圏への一極集中ともいうべき傾向が読み取れる。また，人口比重の変化を期間ごとにみると，3地方とも1950～70年の20年間の上昇幅が大きく，60年代を中心とする高度経済成長期に人口集中が卓越したことが示唆される。一方，70年以降は南関東が7.0ポイントの上昇であったのに対して，東海はわずか0.5ポイントの上昇，西近畿は逆に0.6ポイントの下落となっている。このことは，東京圏では高度経済成長後も継続的に人口集中が進んだのに対して，名古屋圏と大阪圏については人口集中の勢いが大きく衰えたことを意味する。

　つづいて，人口集中地区の人口と面積の変化を通じて，全国的な地域人口の変化につい

表1-3 DID人口および面積の推移（1960〜2005年）

年次	DID人口（千人）	人口比重（%）	DID面積（km²）	面積比重（%）	DIDにおける平均人口密度（人／km²）
1960	40,830	43.7	3,865	1.0	10,564
1965	47,261	48.1	4,605	1.2	10,263
1970	55,997	53.5	6,444	1.7	8,690
1975	63,823	57.0	8,275	2.2	7,713
1980	69,935	59.7	10,015	2.6	6,983
1985	73,344	60.6	10,571	2.8	6,938
1990	78,152	63.2	11,732	3.1	6,661
1995	81,255	64.7	12,255	3.2	6,630
2000	82,810	65.2	12,457	3.3	6,648
2005	84,331	66.0	12,561	3.3	6,714

注：1960，65年は沖縄県を含まない
出典：『人口統計資料集2010』を一部改変

て検討したい。人口集中地区（Densely Inhabited District，以下DIDと略称する）とは，市町村合併等によって自治体としての「市」の範囲が必ずしも都市的地域と一致しなくなったため，実質的に都市化している地域を画定するために定義された統計地域の一種である。

　DIDは1960年に導入され，当初の定義は次のとおりであった。すなわち，国勢調査の調査区のうち人口密度が4,000人／km²以上の地域が市区町村内で互いに隣接して，人口5,000人以上の地区を構成している場合，これらの調査区の集まりをDIDとした（大友1997: 20-23）。ここで，調査区とは国勢調査のデータを集計する際の最小単位を意味するが調査区は年次によってその区画が変更されるため，より恒久的な地域単位として調査区より小さな基本単位区が1995年に定められた。これに伴い，DIDも1995年より基本単位区を基準として画定されるようになった。原則として，基本単位区は1街区に相当し，いくつかの基本単位区が集まって調査区が形成される（大友1997: 36-38）。

　表1-3は，1960〜2005年におけるDID人口とその全国人口に占める割合（人口比重），DID面積とその国土面積に占める割合（ここでは面積比重と呼ぶ），ならびにDIDの平均人口密度を示したものである。この表によれば，この45年間にDIDの人口比重は4割強からほぼ3分の2に，面積比重は1%から3.3%にまでそれぞれ上昇しており，この間に全国的な規模で都市化が進んだことは明らかである。これは，上述したような，非大都市圏から大都市圏への人口移動のみならず，大都市圏内部あるいは非大都市圏内部において農村的地域から都市的地域への人口移動が進行したことを意味する。その結果，日本の人口分布は2005年時点で国土の約30分の1に総人口の約3分の2が居住するという，きわめて集中度の高い状態に至った。

　一方，DIDにおける平均人口密度の推移を見ると，1960年から95年までは一貫して低下しており，DID内の高密度地域が解消していき人口の郊外化が進んだことが示唆される。しかし，95年以降はこの値が上昇する傾向を示しており都心回帰の影響が人口分布にも現れ始めたと解釈できる。

1.4 3つの指標による考察

本節では，人口密度，人口重心，人口集中指数の3指標を用いて，戦後日本の全国的な人口分布の特徴を捉える。

1) 人口密度

人口の粗密の程度を測る最も代表的な指標である人口密度は，人口／面積で算出され，通常1 km^{2}あたりの人口で表現される（濱・山口 1997: 18-19）。日本の行政権の及ぶ範囲でみた場合，2008年時点において日本の総人口は約1億2,769万人，国土面積は約37万3千 km^{2}であるので，人口密度は約342人／km^{2}となる。

一般に，世界的に見て日本は人口密度が高い国という印象を持つ人が多いが，342人／km^{2}という数値は他国と比較してどの程度なのであろうか（以下，数値はいずれも2008年）。もちろん，この数値は世界の陸地全体の人口密度約50人／km^{2}に比べればきわめて高いが，世界には，モナコの16,830人／km^2，シンガポールの6,423人／km^{2}をはじめ，500人／km^{2}を超える国だけでもバーレーン，バングラディシュ，モルディブ，モーリシャス，サンマリノ，バチカン市国，マルタ，バルバドスなど10か国ほど存在する。しかし，これらのほとんどは国土面積の狭小な都市国家あるいは島嶼国家であることに気づくであろう。つまり，面積の差が激しい国家間の人口密度をそのまま比較してもあまり意味がないのである。

そこで，国土面積のある程度広い国に限定して改めて比較をしてみたい。たとえば，面積1万 km^2(岐阜県の面積に近い)以上の国に限定すると，日本は，バングラディシュの1,120人／km^{2}を筆頭に，大韓民国，レバノン，オランダ，ルワンダ，インド，ハイチ，ベルギーに次いで第9位，さらに，面積10万 km^2（北海道と四国を合わせた面積に近い）以上の国に限定すると，バングラディシュ，インドに次いで第3位となり，確かに世界でも有数の高密度国家であることがわかる。

しかし，じつは面積10万 km^{2}上で人口密度が1,000人／km^{2}を超える驚異的な高密度地域がバングラディシュ以外にもう1か所存在する。それは国家別の統計では決して知り得ない地域，すなわち，インドネシアのジャワ島である。ジャワ島は面積12万6,500 km^{2}に1億3,800万人あまりが居住しておりバングラディシュの人口密度に匹敵する。これは，インドネシアの国土のわずか6.6%に人口の59%あまりが集中していることになる。しかも，バングラディシュがガンジス川のデルタ上に位置する，きわめて平坦な国であるのに対して，ジャワ島は日本と同様に平野部が狭小であるので，実感としてはバングラディシュよりもかなり高密度の印象を与えるであろう。ちなみに，インドネシア政府はこうしたジャワ島の人口集中を緩和すべく，そこからスマトラ島やカリマンタン島などに移住を促すトランスミグラシという政策をとっているが，ジャワ島への人口集中を食い止めるほどの効果は上がっていない（人口学研究会 2010: 140）。

さて，話を日本の人口密度に戻そう。日本は人口密度に関して上述したこと以外に言及

表 1-4 農用地人口密度の上位 3 か国の比較（2007 年）

国 名	人口 （千人）	面 積 （km²）	農地面積 （km²）	国土面積に 占める農地 の割合（%）	普通人口密度 （人/km²）	農用地人口 密度 （人/km²）
日 本	127,771	372,894	45,866	12.3	343	2,786
韓 国	48,456	99,678	18,440	18.5	486	2,628
エジプト	73,644	1,002,000	35,070	3.5	73	2,100

資料：『世界国勢図会 2010/11』ならびに『人口統計資料集 2010』より著者作成

すべき大きな特徴がある。それは，日本は農用地人口密度が事実上世界で最も高いことである。農用地人口密度とは，総人口を当該国の農地の総面積で割った値を意味し，農地 1km² 当たりの人口で表される。ここでいう農地とは，耕地・樹園地および牧場・牧草地を指し，いわゆる耕作放棄地は含まない。このように，国土面積以外の数値で人口を割ったものを特殊人口密度と呼び，これに対して通常の人口密度を普通人口密度と呼ぶ場合がある（大友 2002: 56-58）。農用地人口密度は，食糧の輸入が完全にストップした場合に農地 1km² で何人の人口を養わなければならないかを表し，食糧自給率を左右する重要な指標といえる。日本の食糧自給率 40%（2009 年）が主要国の中で最低水準なのは，農用地人口密度の高さに大きく関わっているのである。

国土面積 1 万 km² 以上の国の中で農用地人口密度（2007 年）の上位 3 か国は，日本，韓国，エジプトである。表 1-4 にこれらの 3 か国について関連データを示した。この表によれば，日本と韓国が第 3 位のエジプトを大きく上回っており，日本と韓国の農用地人口密度が世界の中で突出して高いことがわかる。また，エジプトは普通人口密度に対して農用地人口密度が極端に高いことが特徴であり，国土面積に占める農地の割合がわずか 3.5% であることがその理由であることが理解できよう。いずれにしても，日本の農用地人口密度が世界最高水準である点は，食糧安全保障上憂慮すべきことであるのは確かである。

2）人口重心

ある国の人口分布の特徴を知る上で，その分布の中心がどこに位置しどのように推移してきたかを理解することはきわめて重要である。そうした分布の中心を表す最も代表的な指標が人口重心である。人口重心とは，ある地域を平板とみなし，その地域の居住者の体重がすべて等しいと仮定したとき，その地域を支えることのできる支点の位置をいう（井上 2005）。

人口重心は，対象地域内の全居住者の居住地に xy 座標をそれぞれ与えたとき，（全居住者の x 座標の平均値，全居住者の y 座標の平均値）で表される。また，人口重心の位置は各居住者からの距離の二乗和が最小となる地点でもあるので，一般に，都道府県や市町村の人口重心はそれらの自治体の公共施設の立地場所として適している場合が多い。

日本の人口重心は 1872（明治 5）年時点で滋賀県の琵琶湖西岸に位置していたが，その後琵琶湖を横断しながら北東方向にかなりの速度で移動し，1920（大正 9）年には岐阜県の西端に達した。この移動は明らかに明治期の北海道開拓の影響によるものである。

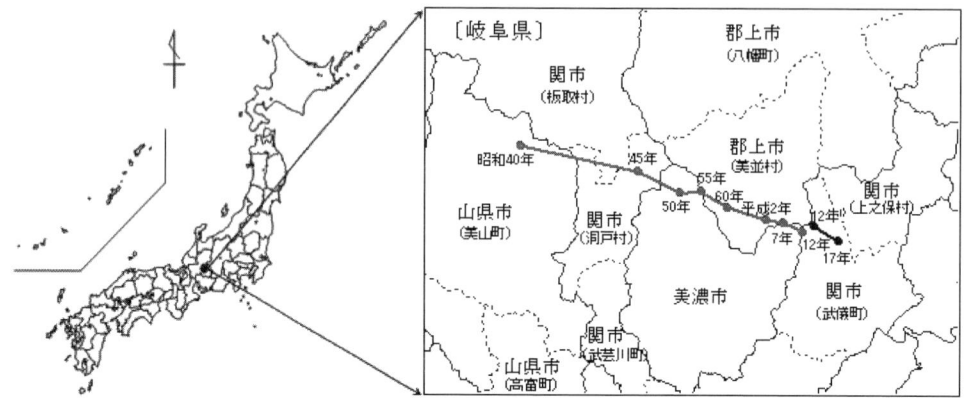

図 1-1　日本の人口重心の推移（1965～2005 年）
注：実線は 2005 年時点の市町村界，破線は 2000 年時点の市町村界，
（　）内の町村名は 2000 年時点のものを表す
出典：総務省統計局の HP より

　北海道開拓とは，近代国家を目指す明治政府が食糧の安定供給を図るため強力に推し進めた国家事業であり，全国から開拓民を募集した結果，多くの国民が北海道へと渡っていった。この国家事業は明治末期に終了したが，その前後から日本は急速な工業化が進み，大都市圏への人口集中が始まることになる。特に第二次世界大戦後は，政府の積極的な復興政策によって大都市圏の沿岸部が埋め立てられそこに多くの重化学工業が進出したことを契機として，大都市圏において労働力需要が急速に高まり大量の人口が流入する形となった。そのピークが 1960 年代の高度経済成長期であったことはいうまでもない。

　こうした大都市圏への人口集中はなかでも東京圏において突出していたが，その影響は図 1-1 に示したように，人口重心の移動に端的に表れている。すなわち，日本の人口重心は 1965（昭和 40）年以降，東京圏の方向である東南東にほぼ一直線に移動してきたのである。なお，図 1-1 において 2000（平成 12）年の人口重心の位置が 2 つあるのは，人口重心の集計単位の変更があったためである（この変更についての詳細は，総務省統計局（2007: 34-35）を参照されたい）。

　以上のような日本の人口重心の長期的推移を，1790 年以降 10 年ごとの人口重心の位置を公表しているアメリカ合衆国と比較してみよう。合衆国の人口重心は当初は同国北東部のメリーランド州・ボルチモア付近にあったが，それ以降 1950 年頃までほぼ北緯 39 度線に沿って西方向に進んだ。こうした動きは，もちろん，建国以来の西部開拓とそれに伴う領土拡大ならびに西漸運動（西方向への人口移動）の結果生じたものである。くしくも，日米両国の人口重心の推移に「開拓」という共通のキーワードが関わっていたことは興味深い。

　同国の人口重心は，イリノイ州に達した 1950 年以降，やや西南西に移動方向を変え，2000 年時点で同国中西部のミズーリ州に位置している。この移動方向の変化は，一言でいえば，同国の産業の中心が北東部の重化学工業からカリフォルニア州・シリコンバレーの電子部品産業に代表される，南西部の新産業に移行し，それに伴って国内人口移動の流

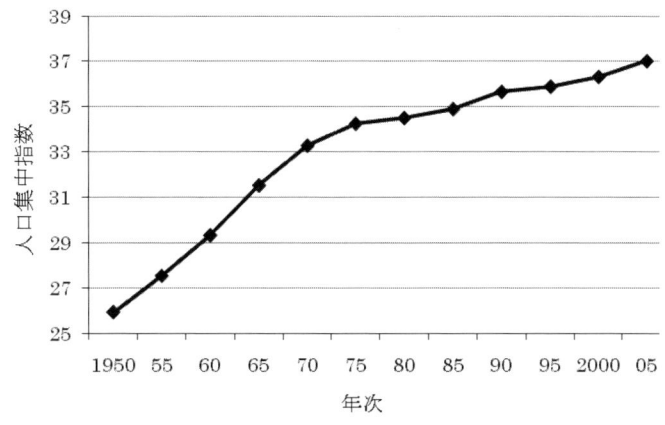

図1-2 人口集中指数の推移（1950～2005年）
資料：国勢調査などにより著者作成

れの向きが南西方向に転じたこと，ならびに，南西部においてヒスパニック系住民（米国においてスペイン語を母国語とする人々ならびにその子孫）の人口が急増したことによる。

3）人口集中指数

　これまでの議論で明らかになったように，戦後日本における全国的な人口分布の最大の特徴は大都市圏への人口集中といってよいであろう。ここでは，こうした大都市圏への人口集中の傾向を人口分布の集中・分散の程度を測る指標を用いて改めて検討したい。そのような指標は何種類かあるが，人口集中指数はそのうち最も簡便な指標といえる。人口集中指数とは，ある国や地域をいくつかの部分地域（たとえば，地方ブロックや都道府県）に分けた場合，各部分地域の人口比重と面積比重の差をすべての部分地域について合計し，それを2で割ることによって得られる。この指標は0以上100以下の値をとり，0に近いほど分散型，100に近いほど集中型であることを意味する（濱・山口 1997: 25-26）。

　図1-2は，表1-2に示した地方ブロックを部分地域としたときの人口集中指数の推移（1950～2005年）を示したものである。この図によれば，まず1950年から75年にかけて指数が大きく上昇していることがわかる。これは，これまでも論じてきたように60年代の高度経済成長期を中心として大都市圏への人口集中が顕著に進んだことを意味する。しかし，70年代後半に入ると周知のようにオイルショック等により日本経済は低成長時代へと移行し，それに伴って非大都市圏から大都市圏への移動（主流）とその逆方向の移動（逆流）とが拮抗するようになる。70年代後半に指数の上昇の勢いが急速に弱まったのはこのためである。ちなみに，このとき生じた逆流は非大都市圏出身者による，いわゆるUターン移動が大半を占めていたことがわかっている（荒井ほか 2002）。

　人口集中指数は80年代に入ると再び上昇の勢いを取り戻すが，これは主流が逆流を再び上回るようになったためである。こうした現象は都市への人口再集中化と呼ばれ，ほぼ同時期に主要先進国で共通して発生したことが知られている（石川 2001: 6-15）。その後，90年代前半はいわゆるバブル経済の崩壊によって人口再集中化の傾向が止まり，指数も

第1章　全国的な人口分布　9

ほぼ横ばいとなるが，90年代後半以降は景気の回復に伴って指数の再上昇の傾向がみられる。

　以上のように，人口集中指数の推移を観察することによって，日本経済の動向すなわち景気循環と全国的な人口分布の集中・分散の傾向とがきわめてよく連動していることが理解できよう。

（井上　孝）

参考文献

荒井良雄・川口太郎・井上　孝編 2002.『日本の人口移動－ライフコースと地域性－』古今書院．
石川義孝編 2001.『人口移動転換の研究』京都大学学術出版会．
井上　孝 2005．人口の分析．高橋重雄・井上　孝・三條和博・高橋朋一編『事例で学ぶ GIS と地域分析－ ArcGIS を用いて－』81-99. 古今書院．
大友　篤 1997.『地域分析入門［改訂版］』東洋経済新報社．
大友　篤 2002.『地域人口分析の方法－国勢調査データの利用の仕方－』日本統計協会．
河邊　宏 1985.『地域統計概論』古今書院．
人口学研究会編 2010.『現代人口辞典』原書房．
総務省統計局編 2007.『平成 17 年国勢調査人口概観シリーズ No.2　我が国人口の概観』日本統計協会．
濱　英彦・山口喜一編 1997.『地域人口分析の基礎』古今書院．

【コラム】順位規模法則

　ある洋書に出てくる単語をその頻度順に並べたときの順位と頻度，あるいは，ある草原に生息する動物をその個体数の多い順に並べたときの順位と個体数などのように，ある要素がその数あるいは規模によって順序づけられているとき，その順位と規模の間に一定の関係が成り立つとする法則をいう。ランクサイズルール，または，その発見者の名をとってジップの法則とも呼ばれる。この法則は，ある国や地域に立地する都市をその人口規模の大きい順に並べたときの順位と規模についてもよく成り立つことが知られ，これを特に「都市の順位規模法則」と呼ぶ（人口学研究会 2010）。

　ある国や地域に関して，そこに立地する各都市をその順位を横軸，人口規模を縦軸に配したグラフ上に点で表しそれらを線で結ぶと，通常これらの両軸にへばりついたような，L字型に近い曲線が描かれる。その理由は，人口規模上位の都市群は順位が下がるにつれて急速に規模が小さくなるが，下位の都市群は順位が下がってもそれほど規模が小さくならないからである。この曲線は，両軸とも対数目盛り（10倍ごとの値が等間隔に並ぶ目盛り，すなわち，横軸は1位, 10位, 100位, …，縦軸は1万人, 10万人, 100万人, …が等間隔に並ぶ目盛り）に変えて描き直すとほぼ「右下がりの直線」になることが知られている。このように，両軸を対数目盛り化したときに右下がりの直線になるような曲線をパレート曲線と呼ぶ。つまり，都市の順位規模法則とは，どんな国あるいはその国内の部分地域（たとえば，東日本，関東地方等）についても，都市の順位と規模がパレート曲線に従うとする法則をいう。なお，都市の順位と規模については対数正規分布という，パレート曲線とは別の型の曲線に従うという研究例もある（その詳細については井上（1998）を参照されたい）。

　世界の国々について都市の順位と規模を上述したような対数目盛りでグラフ化すると，首位都市（人口規模第1位の都市，プライメイトシティともいう）の人口規模が他都市に比べて突出して大きいため，首位都市を示す点のみが右下がりの直線から大きく乖離する場合がある。このような国の都市規模分布をプライマシィ型と呼ぶ。これに対して，首位都市の点が右下がりの直線上にほぼ位置するものをランクサイズ型，プライマシィ型とランクサイズ型の中間に位置づけられるものを中間型と呼ぶ。一般に，国土が広く経済発展水準が高い国ほどランクサイズ型になりやすく，逆に国土の狭い途上国の多くはプライマシィ型となっている。前者の典型としてはカナダやオーストラリア，後者の典型としてはタイが知られる。

　日本の場合，東京都区部の人口（約849万人）は，人口規模第2位の横浜の人口（約358万人）を大きく上回り2.4倍ほどに達するが（人口はいずれも2005年），世界の中には首位都市と人口規模第2位の格差が5倍を超える国も少なくない。したがって，日本の都市規模分布は中間型とみなしてよいだろう。

（井上　孝）

参考文献

井上　孝　1998. 都市人口に関する順位規模法則と対数正規分布モデルの整合性について. 理論地理学ノート　11：1-8.
人口学研究会編　2010.『現代人口辞典』原書房.

2 出　　生

　本章の目的は，少子化をキーワードに，現代日本の出生に関する事象を理解することである。少子化は人口の減少や高齢化を生じさせる要因の一つであり，結果として社会にさまざまな影響を与える。日本の少子化はどのように推移してきたのか，世界的にみて日本の少子化はどのような水準にあるのか，日本国内における少子化の地域差はどのようになっているのか，順番にみていこう。

2.1　少子化はなぜ問題か

　出生に関連する話題のうち，最もよく耳にするのは，少子化に関するものであろう。テレビや新聞でも少子化に関する報道は頻繁になされており，タイトルに少子化を含む書籍も数多い。

　少子化という用語は，1992（平成 4）年の国民生活白書に登場してから頻繁に使われるようになった。当初，「出生率の低下やそれに伴う家庭や社会における子供数の低下傾向」（経済企画庁 1992）を少子化と称したが，現在では，学術的な定義を別にすれば，出生率や出生数，子ども数が減少して少なくなった状態を表す用語として定着した感がある。

　少子化が広く関心を集めるようになったのは，1989 年の合計出生率（Total Fertility Ratio：TFR）が当時としては過去最低を記録した，いわゆる「1.57 ショック」以来のことである。なぜなら，少子化がこのまま続くならば，人口は高齢化するとともに，やがて減少に転じ，日本社会に計り知れない影響が生じると予想されたからである。具体的には，経済成長率の低下，現役世代の負担増，単独世帯や子どものいない世帯の増加，子どもの健全成長への影響，基礎的住民サービスの提供の困難化といったことが懸念された（たとえば，人口問題審議会 1998）。

　少子化がその当時よりも進んだ現在，人口は高齢化し，人口減少も始まりつつある。その結果，日本の社会経済にもさまざまな影響が目に見える形で現れるようになった。本書の第 12 章や第 13 章では，その具体例が示されている。

　少子化が今後の人口にどのような影響を与えるのか，確認のために作成したのが図 2-1 である。同図に示されているのは，1900 年から 2100 年までの日本の人口と高齢化の推移である。2009 年以降，2008 年の出生率と死亡率が今後も変化しないと仮定すると（仮定 A），人口は一貫して減少し，2100 年には 1900 年とほぼ同じ約 4600 万人となる。65 歳以上人口割合については，2008 年の 22.1％ から上昇し，2050 年ごろからは 35％ 程度で推移するようになる。

　では，少子化に歯止めをかけることができれば事態は好転するかといえば，話はそれほど単純ではない。2009 年以降に少子化が止んだと仮定した場合（図 2-1 の仮定 B），人口は一時的に増加する。しかし，2020 年頃から 2070 年頃にかけて人口は減少し，やがて

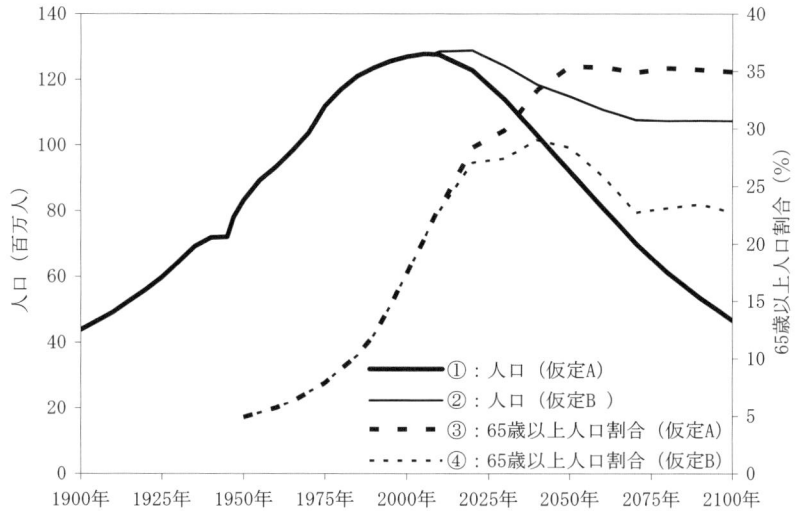

図 2-1 1900～2100 年の人口と 65 歳以上人口割合の推移
注：1900～2008 年は実績値．仮定 A は，2009 年以降の出生率と死亡率が 2008 年と同じ，
仮定 B は，2009 年以降，出生率は人口置換水準で推移し，死亡率は 2008 年と同じ．
資料：『人口統計資料集 2010』より筆者作成

現在よりも少ない約 1 億 700 万人程度で安定する。また，高齢化もしばらくの間は進み，2040 年頃には 65 歳以上人口割合はほぼ 30％に達し，その後，現在とほぼ同水準の 22～23％程度で推移するようになる。このような見通しとなるのは，仮に少子化が止まったとしても，いわゆる団塊の世代などの規模の大きな世代が加齢により高齢化する一方，過去の少子化の影響で，子どもを生む年齢層の規模は徐々に小さくなるため，当面の間，高齢化が進み，死亡数が出生数を上回ってしまうからである。

このように，少子化は今後の日本の人口を変化させる大きな要因の一つであり，その影響は当面は避けることが難しい。少子化は，日本社会にとって重要な問題の一つとみなしうるのである。

2.2 少子化に至る過程：出生数と合計出生率の推移

図 2-2 は日本の出生数と合計出生率の推移を示したものである。合計出生率は，1 人の女性が生涯に生む平均子ども数とみなせる指標（15～49 歳の女性の年齢別出生率を足し上げたもの）である。

出生数は，1920 年代から 1950 年代初頭にかけて，おおよそ 200 万人を超えて推移した。とりわけ 1947～1949 年は，第 1 次ベビーブームと呼ばれ，260 万人を上回る出生数が記録された。この時期に生まれた人々が，いわゆる団塊の世代である。その後は出生数が減少し，1957 年や 1961 年には 150 万人台となった。

1960 年代から 1970 年代前半にかけて出生数は増加に転じ，1971 年から 1974 年の第 2 次ベビーブームには 200 万人を超えた。ところが，1970 年代後半以降は再び出生数が減少し，1984 年に 150 万人を下回ると，1990 年代は 120 万人前後，2000 年代前半は 110 万

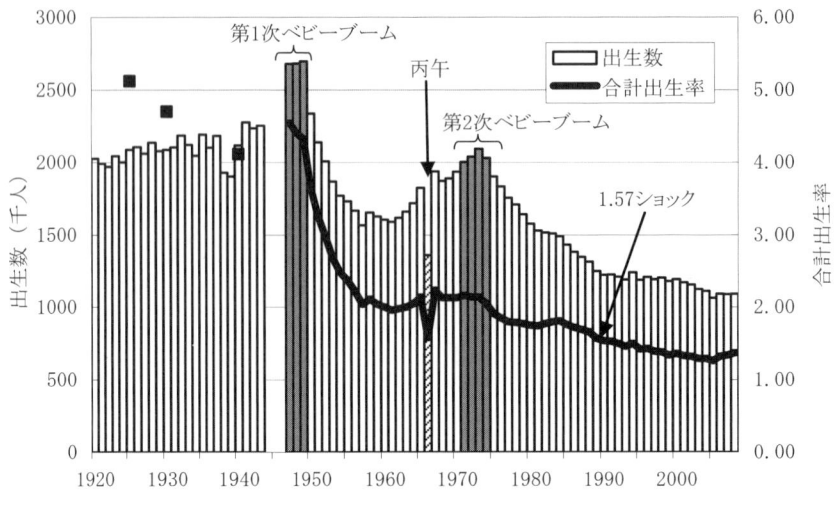

図2-2 出生数と合計出生率の推移
注：1944～1946年は数値なし
資料：『人口動態統計』および『人口統計資料集2010』より筆者作成

人台，2000年代後半はついに100万人台で推移するようになった。なお，1966年の出生数が特に少ないのは，この年の干支が丙午にあたり，人々が出産を控えたからである。

一方，合計出生率は，1940年代まで4.00を超えていたが，1957年の2.04まで急激に低下した。その後，1966年の1.58を除けば，1950年代後半から1970年代前半まで2.10前後で安定的に推移する。ところが1970年代後半になると，合計出生率が2.00を下回って次第に低下するようになった。1989年には，冒頭でも述べたように，合計出生率が1966年の丙午の年の1.58を下回る1.57となる。その後も合計出生率は低下し続け，2005年には1.26を記録した。2006年以降は若干回復し，2008年の合計出生率は1.38となった。

こうしてみると，日本では1950年代に大きな変化を経験し，現在の少子化が1970年代後半から続いている現象であることがわかる。1950年代に生じた変化は，1920年頃からの一連の過程として理解できるもので，特にこの時期に合計出生率が急減したのは，優生保護法（1948年施行，1996年に母体保護法へ名称変更）による人工妊娠中絶の実質的な合法化と，人々の少産動機とが結びついたためである。少産動機とは，単純化すれば，子どもをたくさん生むよりも，少なく生んだ子どもに積極的に教育を与えるなどした方が，子ども自身や家族にとって望ましい，という考え方のことである。人々の間に少産動機が広がったのは，潜在的には，第二次世界大戦前に始まっていた死亡率改善や教育水準の向上，第2次・第3次産業の発達，都市化の進展といった社会の変化があった。また，より直接的には，戦後の混乱で生活水準が低下した中で第1次ベビーブームが起こったためである。

1970年代後半以降現在までの変化は，合計出生率が人口置換水準を下回る，すなわち，親世代に比べて子世代の人口規模が小さくなるような合計出生率の水準になったことを特徴とする。人口学という学問分野では，「出生力が人口置換水準を継続的に下回っている

状態」(人口学研究会 2010: 122)のことを「少子化」と定義しており(以下,人口学の定義に基づく場合は「少子化」と記す),その意味でも,この時期の合計出生率の低下は現代の少子化につながっているのである。

合計出生率の変化は,日本のように結婚と出産との結びつきの強い社会では,結婚ならびに結婚したカップルの出生数の変化に分けて考えることができる。1975年から2005年までの合計出生率の低下については,約8割が結婚の変化,約2割が結婚したカップルの出生数の変化によって説明される(岩澤2008)。前者の結婚の変化は,いわゆる未婚化や晩婚化といわれる現象で,高学歴化することで結婚年齢が上昇することや,結婚に至る経緯の変化,すなわち,見合いや職場での出会いを契機としたものから自由恋愛を中心としたものへと変化したことが関わっている。一方,後者の結婚したカップルの出生数の変化は,カップルの持つ平均的な子ども数の減少を意味し,その背景には,結婚年齢の上昇に伴って出産年齢も遅くなる晩産化や,少産動機の強まり,子どもを持つことの負担の大きさなどが関わっている。特に近年は,若年層を取り巻く社会経済的な状況が不安定化しており,こうした事態も結婚や結婚したカップルの出生数に影響を与えている。

2.3 世界の中の日本の「少子化」

出生率と死亡率が低下し,人口が多産多死から少産少死の状態へと移行することを人口転換という。人口転換は,一般に,社会が工業化する過程で生じ,ヨーロッパ諸国では18世紀後半から20世紀初期にかけて経験した。一方,日本の人口転換は,全体としてみれば少なくとも20世紀初頭までには始まり,1950年代頃まで続いた。先に述べた1950年代の日本の変化は,人口転換の過程で生じたことである。他方,工業化の進展が遅い国々の中には,現在でも,人口転換の途中段階にある国もある。

人口転換後の日本の合計出生率は既に述べたとおりであるが,人口転換を経験した日本以外の国々でも,1970年代から合計出生率が人口の置換水準を下回って推移するようになった。この新たな合計出生率の動向,すなわち「少子化」は世界的に注目されており,第2の人口転換とみなす考え方も登場している。

第2の人口転換は,その背後にある社会の変化を含めて「少子化」を捉えようとするもので,北西ヨーロッパの経験を踏まえて生み出された考え方である。ごく単純化すれば,第2の人口転換とは,ポスト工業化社会への移行や経口避妊薬の普及とともに人々の価値観に大きな変化が起こり,合計出生率が人口の置換水準を下回って低下し,あわせて同棲や婚外妊娠,離婚の増加といった形で男女のパートナーシップや居住形態が多様化するというものである(河野2007)。第2の人口転換という考え方が一般性をもつのかどうかは議論の分かれるところであるが,少なくとも「少子化」という現象が現在までに多くの先進国・地域で確認されていることは間違いない。

さて,2007年前後の先進国・地域の合計出生率を示したのが表2-1である。相対的に高い合計出生率となるのは北ヨーロッパとドイツ語圏を除く西ヨーロッパ,英語圏の国々であり,他方,南ヨーロッパ,東ヨーロッパ・旧ソ連,日本・韓国・台湾の東アジアは低

表 2-1　先進国・地域の合計出生率と今後の 65 歳以上人口割合

国・地域	合計出生率 (2007 年)	65 歳以上人口割合 (%) 2010 年	65 歳以上人口割合 (%) 2050 年	国・地域	合計出生率 (2007 年)	65 歳以上人口割合 (%) 2010 年	65 歳以上人口割合 (%) 2050 年
台湾	1.06	10.8	35.9	ブルガリア	1.41	17.6	30.3
韓国	1.14[2]	11.0	34.2	ギリシャ	1.42	18.3	31.3
スロバキア	1.26	12.3	28.3	ロシア連邦	1.42	12.9	23.4
ポーランド	1.27[3]	13.5	29.9	チェコ共和国	1.45	15.3	27.6
ベラルーシ	1.29[3]	13.4	26.0	スイス	1.47	17.3	26.0
ルーマニア	1.30	14.9	28.5	カナダ	1.54[2]	14.1	25.5
イタリア	1.32[1]	20.4	33.3	オランダ	1.70	15.4	25.6
ハンガリー	1.32	16.4	26.1	イギリス	1.76[1]	16.6	22.9
ポルトガル	1.33	17.8	32.1	フィンランド	1.83	17.2	25.9
ウクライナ	1.34	15.6	24.7	デンマーク	1.85	16.7	23.8
ドイツ	1.36	20.5	32.5	スウェーデン	1.87	18.3	24.1
日本	1.37[4]	22.6	37.8	ノルウェー	1.90	15.0	23.8
オーストリア	1.37	17.6	29.4	アイルランド	1.93	11.4	24.2
スロベニア	1.39	16.4	30.2	オーストラリア	1.93	13.9	23.8
シンガポール	1.40	10.2	32.6	フランス	1.95	17.0	26.9
クロアチア	1.40	17.3	28.2	アメリカ合衆国	2.04[1]	13.0	21.6
スペイン	1.41	17.2	31.8	ニュージーランド	2.17	13.0	23.2

注：1) 2004 年，2) 2005 年，3) 2006 年，4) 2008 年
資料：『人口統計資料集 2010』，UN (2008) *World Population Prospects, The 2008 Revision* より筆者作成．なお，台湾の数値は伊藤（2009）および CEPD (2008) *Population Projections for Taiwan Areas: 2008～2056* を利用．

い。ドイツ語圏諸国は両者の中間的な位置といえよう。一口に「少子化」といっても，合計出生率の水準には少なからぬ差がみられる。

　先進国・地域の合計出生率の差について，鈴木（2009）は，家族パターンとの関連性を指摘する。北西ヨーロッパや英語圏の国々では，親子関係より夫婦関係を重視し，女性の地位が比較的高いという家族パターンをもつ。こうしたことは，母親の育児役割を過度に強調することを回避し，女性の社会進出に適合的である。また，結婚前の若者が若くして親元を離れるため，結婚や出産につながりやすい。他方で，日本を含むそれ以外の地域では，夫婦関係より親子関係を重視し，女性の地位が低いという家族パターンをもつ。したがって，子どもが成人後も親元にとどまりやすく，親が子どもに対して保護的であるため，高学歴化が進むと教育費が急騰して親の負担が増す。また，母親の育児役割を強調するため，女性の社会進出との間で調整がつきにくい。こうしたことが，合計出生率の一層の低下をもたらす。また，東アジアの中でも台湾や韓国の合計出生率が日本よりも低いのは儒教文化の影響とされる。

　「少子化」の影響はこれら先進国・地域において避けられず，とりわけ日本において顕著である。国連の将来人口推計にもとづいて今後の高齢化の見通しをみると（表 2-1），2050 年時点における 65 歳以上人口割合が最も高いのが日本である。すでに世界で最も高齢化した日本は，今後とも他国に先駆けて高齢化が進むと考えられているのである。日本が高齢化先進国ともいうべき状態にあるのは，他国に比べ，日本の合計出生率の低下が急

速に進んだこと，平均寿命が伸びて世界有数の長寿国となったこと，移民の受け入れが少ないことを反映している。

2.4　近年の日本国内の少子化

　最後に国内の地域差についてみておこう。2008年の都道府県別の合計出生率をみると，最も低い東京都で1.09，最も高い沖縄県で1.78，その他の道府県は1.20～1.60の範囲内にある（図2-3）。東京都と沖縄県は他の道府県に比べてやや特異な値をとる。合計出生率が低いのは，東京都や大阪府を中心とする大都市圏の他，宮城県など大都市を含む地域が多い。ただし，愛知県の合計出生率は周辺の岐阜県や三重県よりも高い。他方，合計出生率が高いのは，沖縄県を含めてその多くが地方圏である。とりわけ九州地方では1.50を超える県が多い。その一方で，北海道や青森県，徳島県のように合計出生率が低い場合もある。

　このように，やや複雑な様相をみせる合計出生率の地理的なパターンであるが，総じて大都市圏で合計出生率が低く，地方圏で高いということができる。こうしたパターンは，少なくとも1970年代後半以降にみられるようになったものである。それ以前の出生率については，明治初期にみられた中央日本で高く東北と西日本で低いパターン（高橋2010），その後の1950年代頃までみられた東日本で高く西日本で低い東高西低のパターン，1960年代から1970年代前半にみられた大都市圏で高く地方圏で低いパターンが確認されている（田中2002）。

　近年の合計出生率の都道府県間の差は，未婚化・晩婚化や，学歴，就業状況などに地域差があることと関わっている。たとえば，大都市圏では，総じて未婚者の割合が高いために合計出生率が低く，地方圏ではその逆となる。ただし，沖縄県に関しては，結婚したカップル1組あたりの子ども数の多さが合計出生率の高さにつながっており，その背景には，沖縄県特有の文化的な要因がある。

　では，このような合計出生率の動向は人口の増減にどのような影響を与えているのであろうか。人口の変化は，自然増加と社会増加の2つに分けることができる。自然増加とは出生数と死亡数の差であり，社会増加とは人口移動によるもので，転入数と転出数の差である。合計出生率は出生数に影響することから，合計出生率が高ければ自然増加も大きくなると予想される。ところが，2008年の合計出生率と2008～2009年の自然増加率との関係をみると，両指標ともに高い値となる沖縄県を除くと，合計出生率が高くても自然増加率は低くなりやすいという緩やかな傾向がみられる。

　2008～2009年の自然増加率の地理的パターンを示した図2-4によれば，図2-3とは対照的で，総じて大都市圏で自然増加率が高く，地方圏で低い。しかも地方圏では，自然増加率がマイナスとなっている地域が多い。なぜならば，第1に，地方圏の合計出生率は相対的に高いとはいえ長らく人口置換水準を下回っていたからであり，第2に，地方圏の多くは人口流出地域であり，若い世代が少なく高齢者が多い人口構造となっているため，合計出生率が相対的に高くても出生数より死亡数が多くなってしまうからである。

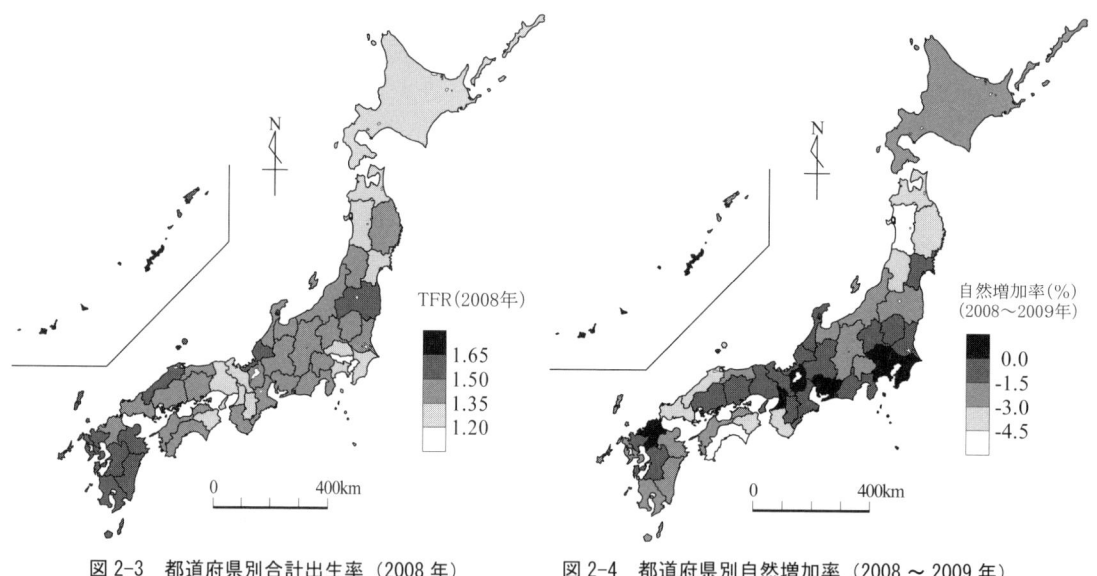

図 2-3　都道府県別合計出生率（2008 年）　　　　図 2-4　都道府県別自然増加率（2008 ～ 2009 年）
資料：『人口統計資料集 2010』より筆者作成　　　　資料：総務省統計局の人口推計より筆者作成

　このように，合計出生率でみれば大都市圏の方が「少子化」は進んでいるが，出生数の少ないことの影響は地方圏の方がより深刻である．その意味でいえば，少子化は地方圏にとって，より重大な意味を持つのである．

（山内　昌和）

参考文献

伊藤正一 2009．台湾の少子化とマクロ分析．人口問題研究 65(4): 29-47．
岩澤美帆 2008．初婚・離婚の動向と出生率への影響．人口問題研究 64(4): 19-34．
経済企画庁編 1992．『国民生活白書　平成 4 年版』大蔵省印刷局．
河野稠果 2007．『人口学への招待』中公新書．
人口問題審議会編 1998．『人口減少社会，未来への責任と選択－少子化をめぐる議論と人口問題審議会報告書－』ぎょうせい．
人口学研究会編 2010．『現代人口辞典』原書房．
鈴木　透 2009．ポスト近代化と東アジアの極低出生力．人口問題研究 65(4): 1-7．
高橋眞一 2010．明治前期の地域人口動態と人口移動．高橋眞一・中川聡史編『地域人口からみた日本の人口転換』10-45．古今書院．
田中恭子 2002．日本における都道府県人口の出生力とその変動．日本人口学会編『人口大事典』653-655．培風館．

【コラム】丙午（ひのえうま）

丙午とは，中国古代に起源をもつ十干十二支，すなわち干支の一つをいう。十干十二支は，10種類の漢字からなる十干（甲，乙，丙，…）と12種類の漢字からなる十二支（子，丑，寅，…）とを組み合わせて，年，月，日や方位などを表す記述法である。ただし，実際の組み合わせの数は $10 \times 12 = 120$ 通りでなくその半分の60通りとなっており，たとえば年を表す場合は60年周期ですべての組み合わせが一巡する。今日の日本では，十干十二支は年を表す場合にしか用いられず，しかも社会に根付いているのは十二支のほうのみとなっている。

丙午が日本の人口について論じる際に注目されるのは，60年に一度巡ってくる丙午の年の出生数が前後の年に比べて少ない状態が繰り返されてきたからである。その理由は，丙と午がともに火に関わる意をもつことから，この年に生まれた女性は気性が激しく夫を殺してしまうという迷信が広まったことによる。この迷信の起源については諸説があるが，少なくとも江戸中期の1726年の丙午にはこの迷信が定着していたとされる。こうした丙午迷信の起源については，たとえば，黒須（1992）を参照されたい。

出生数の統計が整備された明治期以降では，1906年と66年が丙午にあたるが，これらの年はいずれも前後の年に比べて出生数が大きく減少した。66年の前後3年間の出生数をみると，65年：182.4万人，66年：136.1万人，67年：193.6万人と66年の出生数は65年に比べて約25%，67年に比べて約30%も少ないことがわかる（図2-2を参照のこと）。また，合計出生率（1人の女性が生涯に産む子供の数の平均値）についても，65年：2.14，66年：1.58，67年：2.23と66年の低さが際だつ。合計出生率はその後20年以上にわたって66年の1.58を上回っていたが，89年に初めてその値を下回って1.57となったことから，少子化を象徴する「1.57ショック」という言葉が生まれた。

なお，1965年の出生数は64年に比べて10.7万人ほど多く，また68年の出生数は69年に比べて6.4万人ほど多い。これは，66年の出産を避けるために出産調整をしたこと，および，66年生まれであるにもかかわらず出生届の日付を前後の年に付け替えたことなどが要因とされている。

丙午の出生がこれほどまでに忌み嫌われたわけであるが，1966年生まれの人たちにその後何か不幸な出来事が起こったのであろうか。じつは同学年人口が少ないおかげで，不幸どころかいくつかの幸運に恵まれた可能性が高いのである。たとえば，彼らの大学受験の年は前後の年に比べて国公立大学への進学率が高かったことが指摘されている（赤林 2007）。

（井上 孝）

参考文献
赤林英夫 2007．丙午世代のその後－統計から分かること－．日本労働研究雑誌 569：17-28.
黒須里美 1992．弘化三年ヒノエウマ－文化と人口の地域性－．日本研究 6：35-55.

3 死亡・疾病

　本章では，さまざまな空間スケールでの死亡の地域差とその時間的な変化を通して，日本社会における死亡の地域性と，これを読み解く地理学的視点を整理する。まずは，長期的な死亡の死因別構成にみられる特徴的な転換と，これが地理的な死亡の格差の推移にどのように関連していたのかを確認する。次に大都市圏内部の死亡の地理的格差の推移を追い，大都市圏の拡大と社会経済的な居住分化との関連性を考える。最後に，健康の地理的格差を説明する2つの論点を通して，空間と健康の関連性をまとめる。

3.1 日本社会における死亡の長期推移

　まずは，日本社会全体における長期的な死亡の動向をみてみたい。図 3-1 は，人口あたりの死者数で定義された死亡率の推移を，すべての死因をあわせた総死亡とともに主要死因別に追ったものである。

　総死亡の死亡率の推移に着目すると，日本社会では，第二次世界大戦を挟む1920年代から1950年代の間に，急激な死亡率の低下を経験していることが特徴的である。あわせて主要死因別の死亡率の推移をみると，当初は結核・肺炎・胃腸炎のような感染症に由来する死亡率が高いが，それらの低下に伴って，総死亡の死亡率の低下が進んでいる。代わって，がん・心疾患の死亡率が大きく上昇し，脳血管疾患とあわせて3大生活習慣病と呼ば

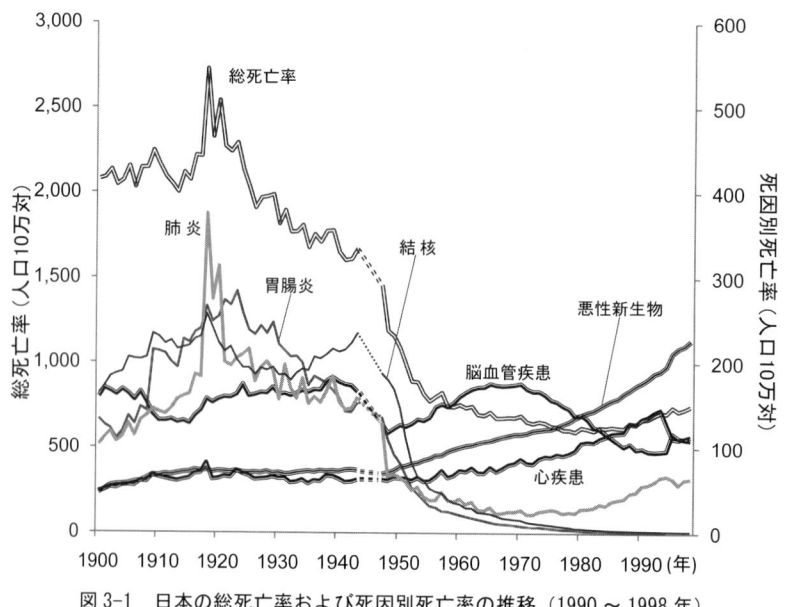

図 3-1　日本の総死亡率および死因別死亡率の推移（1990～1998 年）
資料：『人口動態統計 100 年の動向』

表 3-1　公衆衛生課題の変遷

年　代	1900 (明治33)	1920 (大正9)	1940 (昭和15)	1960 (昭和35)	1980 (昭和55)	2000 (平成12)
社会環境と国民生活の動向	・富国強兵 ・栄養不足	・長時間重労働 ・貧困 ・栄養失調	・第二次世界大戦へ ・圧迫された個人の生活，自由と民主主義 ・学徒動員と疎開	・戦後振興 ・高度成長期 ・公害病の発生	・都市化と過疎の進展 ・廃棄物による環境問題 ・長時間勤務と過労死	・産業のグローバル化 ・経済不況と大量失業 ・少子高齢化 ・女性の社会進出
第1次産業 (%)	60	50	43	30	10	5
都市人口 (%)	―	20	35	60	75	80
65歳以上 (%)	4	5.3	4.8	5.7	9.1	17.5
粗死亡率（人口千対）	20.8	25.4	15.6	7.6	6.2	7.6
乳児死亡率（出生千対）	155	165	90	30	7.5	3.2
0歳平均余命	35歳前後	42歳前後	50歳前後	65-70歳	73-78歳	男78歳，女85歳
公衆衛生の課題	・急性感染症対策（コレラ，赤痢など） ・汚物処理対策	・慢性感染症（結核など） ・母子衛生 ・工場法など労働環境の改善	・戦争による被災 ・栄養失調	・公害病（水俣病，大気汚染） ・労働衛生対策（急性中毒，労働災害） ・慢性疾患の予防対策（脳卒中など）	・過栄養と運動不足による生活習慣病（糖尿病，循環器疾患）の増加 ・労働衛生（過労死，慢性中毒）	・高齢者介護 ・ストレス疾患の増加（自殺，うつ） ・小児の虐待や家庭内暴力 ・犯罪の増加

出典：岸（2006）の第1表を簡略化

れるこれら高齢期の慢性疾患による死亡が，総死亡の多くを占めるようになった。

　1918年から1920年にかけて肺炎の突発的な死亡率の上昇がみられるのは，インフルエンザの世界的な大流行（パンデミック）の影響である。感染症による死亡率が高かった時代には，感染症の大規模な流行などに左右され死亡率の年次変動は不安定に推移していたものが，死因構成が慢性疾患へと変化するに伴って，緩やかな年次変動しかみられない安定した状態へと移行したことも読み取れる。

　こうした近代化の過程の中で進む死亡率の低下と死因構成の変化は，変化の早さや達成される死亡率低下の度合いに違いこそあれ，多くの社会で観察されてきた。これをオムラン（Omran 1971）は疫学的転換と呼んだ。

　2010年に公開された国際保健機構（WHO）の統計によれば，日本の平均寿命は両性あわせて83歳であり，世界一の長寿を達成するに至っている。日本社会における急激な死亡率の低下と平均寿命の大幅な伸びには，経済的な発展に伴う栄養状態や生活環境・労働環境の改善，それに不随する公衆衛生の全般的な向上とともに，戦後になって広く普及した現代的な衛生・医療技術も，急激な転換に寄与したと考えられる。その過程でかつて高かった乳幼児の死亡率は大幅に低下するなど，乳幼児と妊産婦の健康問題（母子保健）は大きく改善する一方，高齢期の医療・介護問題の重要性が増す健康問題（公衆衛生の課題）の転換も生じた。さらに子細にみるならば，表3-1に示されるように，公害病，過栄養，

労働衛生，精神疾患などさまざまな健康問題の推移が，人々の生活の動向を背景に今も続いている（岸 2006）。

3.2 死亡の都市－農村間格差の転換

　日本の疫学的転換は地理的にみるとどのような特徴を有していたのだろうか？　古典的な切り口として，死亡率の都市－農村間格差を考えてみよう。近代化以前の近世の都市は農村部よりも高い死亡率に特徴付けられていたと考えられているが，利用可能な資料に乏しく，十分な確証は得られていない。近代的な統計が整備され，都道府県別に死亡率の推移が追えるようになるのは，明治後期からである。

　ただし，単純に死亡数を人口で割って定義する死亡率は，地域人口の年齢構成に強く影響を受けるため，地域比較には必ずしも向かない点に注意が必要である。高齢者ほど死亡率は高いため，人口の高齢化が進むほど地域人口の死亡率は自然と高くなる。そのため，死亡率の地域差は地域人口の高齢化の地域差を写しているだけかもしれない。図 3-1 において，総死亡の死亡率が 1980 年代以降，上昇に転じているのは，日本社会の高齢化によるものである。戦前期であっても，多くの若い労働力を引きつけた大都市では，総じて若年層の構成比が高くなり，死亡率は低くなる傾向にあった。

　そこで，平均寿命を利用して都道府県間の死亡の差を考えることにしたい。平均寿命は出生してから死亡するまでの生存期間について，その平均的な長さを測る指標であるが，生存は死亡と裏表の関係にあるため，地域人口の年齢構成に依存しない全体的な死亡の水準を示す指標と考えることもできる。

　図 3-2 は，平均寿命の都道府県別の分布を 1921-25（大正 10-14）年，1965（昭和 40）年，2005（平成 17）年のそれぞれについて示したものである。

　まず，急激な死亡率の低下と死因構成の変化が進む前の段階にあたる 1921-25 年の分布をみると，東京や大阪など大都市部の人口集団が明らかに短命である。高密度で不衛生な居住・労働環境下で広がる，結核などの感染症の蔓延がもたらした高い死亡率を反映している。これに対して，急激な死亡率の低下が生じ，死因構成が慢性疾患主体へと転換した後の 1965 年の分布をみると，総じて都市－農村間の格差は大きく反転し，大都市圏の人口が最も長い生を享受するようになったことがわかる。このように日本における疫学的転換期には，大都市圏の健康水準が大きく改善し，都市－農村間の健康格差が逆転する地理的な転換が生じた。

　ここで，この死亡の地理的な転換と地域間の経済格差の関係をみてみたい。1960 年代を特徴づけるいわゆる高度成長期では，所得水準の大都市圏－非大都市圏間格差が大きく開き，この経済的な格差を埋める方向，すなわち非大都市圏から大都市圏に向けての大規模な人口移動が生じた。このような大都市圏へ向かう人口移動は，当時においては「健康な場所への移動」でもあった。大都市圏と非大都市圏間の所得格差が縮小し，大規模な大都市圏へ向かう人口移動もおさまった後の 2005 年の平均寿命分布をみると，もはや明確な都市－農村間格差は見い出し難い。平均寿命の地理的格差の絶対的な差自体も縮小し，

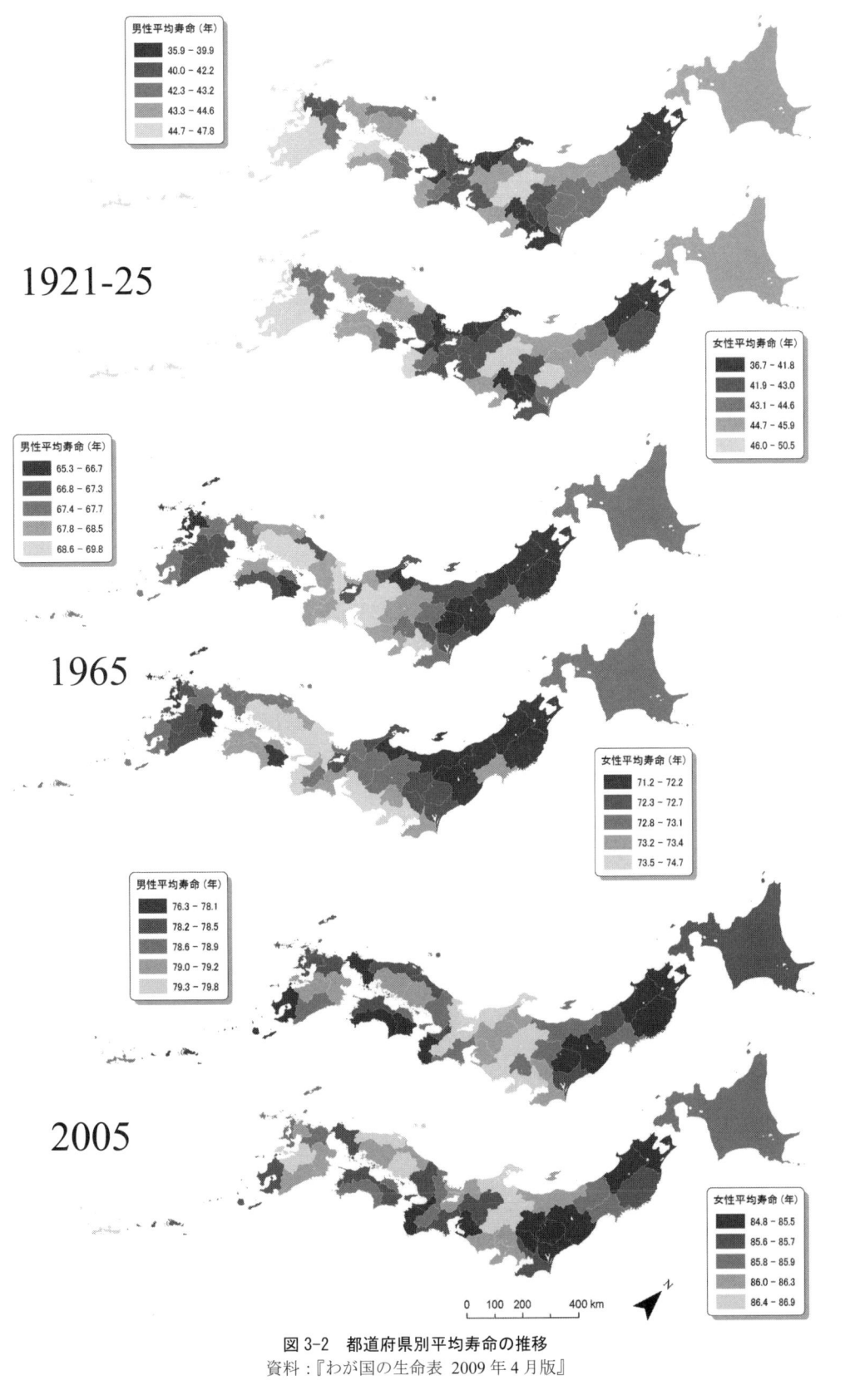

図 3-2　都道府県別平均寿命の推移
資料：『わが国の生命表 2009 年 4 月版』

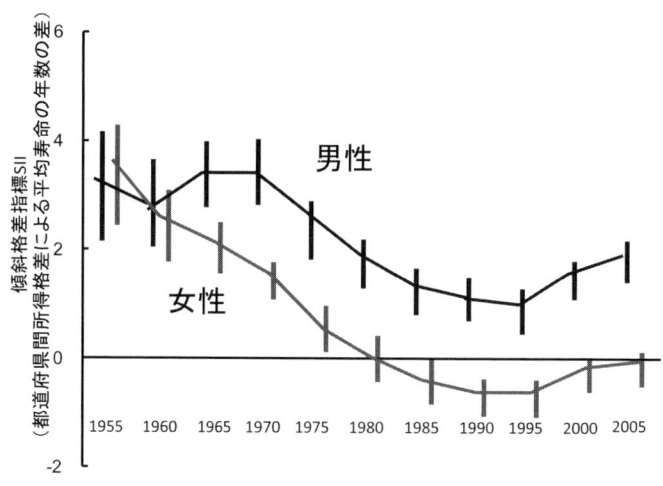

図 3-3　傾斜格差指標の年次推移（1955 〜 2005 年）
注：縦棒は 95％信頼区間を示す
出典：Fukuda *et al.* (2007)

健康水準の平準化が進んだことがわかる。

　このような動向から，所得水準と平均寿命の地理的格差の縮小は，関連しているかのようである。各年代において，都道府県を単位とした平均寿命と所得水準にはおおよそ正の相関関係がみられる。つまり，所得水準の高い豊かな地域ほど長い平均寿命となる傾向がある。図 3-3 は，所得水準が最も低い地域と比較して，所得水準が最も高い地域の平均寿命が何年長くなるのかを推定した傾斜格差指標（SII）と呼ばれる指数の年次推移を示したものである（Fukuda *et al.* 2007）。ただし，沖縄は分析から除かれている。これをみると，所得水準の都道府県間格差と対応した，平均寿命の地理的な格差は高度成長期を過ぎてから大きく縮小していることがわかる。なお，男性の方が，所得水準の差によって大きな平均寿命の差を示しており，女性は全体的に平均寿命の格差は小さい。

　図 3-3 にみられる年次推移からは，地域間の所得格差を是正する国土開発や所得移転の政策的取り組みが，生活水準ならびに公衆衛生水準の地理的格差の縮小とともに，健康水準の地理的格差の縮小に貢献した一面も示唆される。他方で，この図から，1995 年以降に健康の地理的格差が再び拡大する傾向が認められる。1990 年代後半より，社会的な関心を集めている社会格差ならびに大都市圏と地方との地域間格差の拡大を危惧する動向と一致して，地域間での健康格差の拡大が進んでいるかのようである。社会格差の拡大が社会全体の健康水準の低下を導くとする社会疫学の議論（カワチ・ケネディ 2004）とあわせて考えれば，今後の社会格差の動向と健康水準の地理的格差の関係については，慎重な検討が求められよう。

3.3　大都市圏内の死亡の格差

　高度成長期を通して日本の健康水準の都道府県間格差は大きく縮小した。しかし，図 3-4 に示されるように，より詳細な市区町村別の分布図をみると，都道府県単位では観測

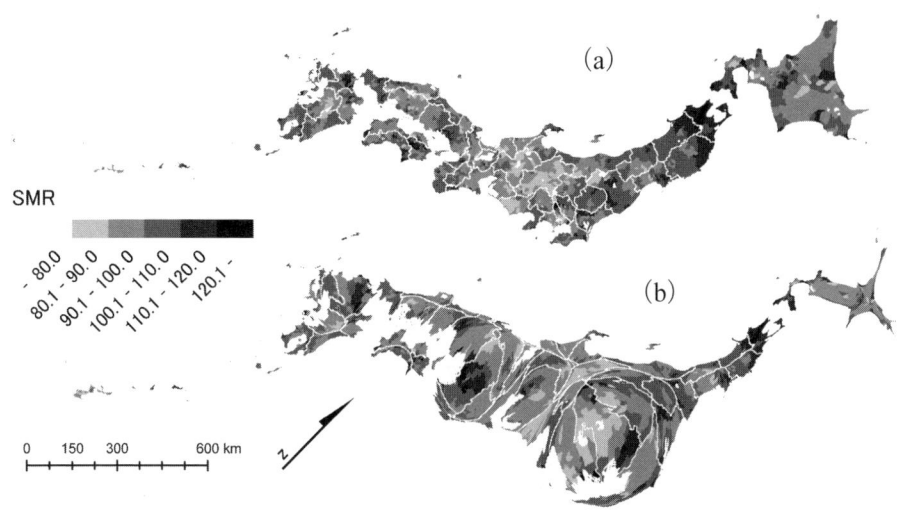

図 3-4 市区町村別標準化死亡比の分布図（男性 1998-2002 年の集計値）
(a) 通常の投影法による分布図
(b) 人口規模に比例する面積で描いたカルトグラムによる分布図
出典：中谷（2008a）

できない特徴的な死亡の地理的格差が確認できる（中谷 2008a）。

　ここで利用した指標は，地域人口の年齢別構成の違いを除いて地域間の比較が可能な，死亡率指標の一種である標準化死亡比（SMR）である。それぞれの地域で，SMR は，［観測された死亡数］が［期待死亡数］の何％に相当する値であったのかを示す数値である。ここで，［期待死亡数］とは，その地域の年齢階級別の死亡率が全国平均に従っていると仮定した時に，その地域の年齢別人口の構成から見込まれる死亡の総数を求めた値である。SMR が 100 であれば，平均的な死亡率であり，SMR が 100 より大きければ死亡率が高い地域，逆に 100 を下回る地域は死亡率の低い地域とみなせる。

　図 3-4（a）は通常の地図投影法に基づいた市区町村別の SMR 分布図であり，これをみると東北地方の高死亡率と中部地方の低死亡率が対照的である。しかし，大都市圏内部については市区町村のそれぞれが占める面積が小さいがために判読し難く，日本全域では，人口密度が低く面積の大きな非大都市圏の死亡率の地域差が目立っている。

　一方，図 3-4（b）は，各市区町村の地図上の面積をその人口規模に比例した大きさとなるように歪めるカルトグラムを利用して，SMR の分布図を作成したものである。大都市圏に含まれる市区町村の面積は，その人口規模を反映して大きく拡大して描かれている。

　このカルトグラムによる SMR 分布の最も明確な特徴は，大都市圏内部にみられる健康格差の大きさである。たとえば，大きく膨らんだ東京都に注目すると，都心からみて西側へと広がる郊外は死亡率の低い（色の薄い）地域であり，東部および東京湾の沿岸部は死亡率の高い（色の濃い）地域として見て取れる。このような大都市圏内部の健康の地理的な格差は，「山の手」と「下町」として対比されるような社会経済的な居住地域の違いとよく対応する。

　カルトグラムの面積が地域人口の大きさを示すことに注意すると，大都市圏内部の高死

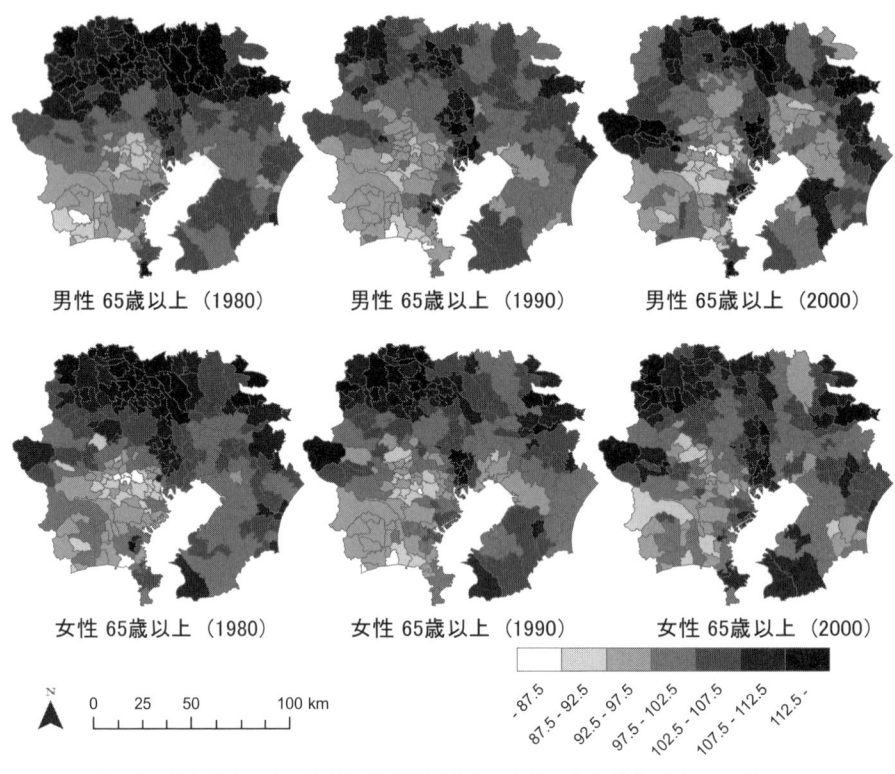

図 3-5 東京圏内の市区町村別高齢者標準化死亡比の年次推移（1980〜2000年）
出典：中谷（2008b）

亡率地域の人口は，東北地方北部のそれと同等な規模であり，日本全体としてみれば非大都市圏型と大都市圏型に分かれての高死亡率の地理的な集積が確認できる。また，大都市圏の郊外に広がる低い死亡率地域の人口も際だって大きい。日本全体で大都市圏への人口が集中するとともに，死亡の水準にみる大都市圏－非大都市圏格差は不明確になる一方で，日本社会全体の中で大都市圏内部の健康格差の重要性が増してきたと考えることもできる。

　では，大都市圏内部の健康格差はどのように形成されてきたのだろうか？　高度成長期に大都市圏内部に流入した人口集団は，主として就労・就学機会の集中する大都市圏中心部に流入した後，安定した家計の確立と家族形成を経て郊外へと転出するようになった。さらに，1980年代のバブル経済下で生じた都心部でのオフィス需要増に呼応する住宅価格の高騰を受けて，大都市圏における住宅地開発の遠隔化が急速に進んだ。その結果，相対的に高所得である世帯が大都市圏の周辺部へも移動し，これに対応するように健康水準の良好な（死亡率の低い）郊外地域も大都市圏内部において外延的に拡大した（図3-5）。

　他方で，大都市圏の最外縁部と都心周辺部に健康水準の低い地域が局在化する傾向にあり，これには相対的に貧困な層の残留・集中が関係していると考えられる。所得層に関連する社会経済的な居住者の特性は，都心からの方向すなわちセクター的に分かれることが知られているが，東京圏をみると，貧困を反映すると考えられる各種の社会指標は城東・

城北地区から京浜工業地帯沿岸部にかけてセクター的に広がっており，これが都心周辺部にみられる健康水準の低い地帯とほぼ対応する。これらを踏まえると，大都市圏内部において健康水準の地理的な格差が形成される過程には，社会経済的な居住地帯の分化と関連して，健康な人口集団と不健康な人口集団を地域的に振り分ける人口の選択的な移動と残留のプロセスが働いていたものと理解できる（中谷 2008b）。

1990 年代後半以降，郊外化の動きが終焉化している点をふまえると，健康な地域の外延的な拡大もまもなく止み，やがて高齢化の進む郊外での死亡が増加する点で，郊外の健康水準を維持する条件整備の重要性が増してくる。一方，人口の都心回帰に特徴づけられる都心部への高所得者層の再流入は，都心部という狭い空間の中で健康の社会的格差を際だたせることになるのかもしれない。

3.4 健康の地理的格差を生み出す仕組み

既に見てきたように，所得水準あるいは高い社会経済的な地位の構成員が多い地域で，地域人口の健康水準が高くなる傾向がしばしば観測される。これはどのように説明されるのだろうか？ 所得水準や社会的地位が低い人ほど健康水準が段階的に低くなる傾向は，健康の社会的勾配として知られている。そのため，年齢構成ばかりでなく，居住者の所得や社会階層別の構成が，地理的な健康格差を生み出すことになる。この仕組みを構成効果と呼ぶ。

他方で，英国などの欧米社会では，社会階層間の健康の社会的勾配の大きさとともに，同じ社会階層でありながら，居住する地域によって健康が異なる事実が古くから確認されてきた。たとえ社会階層の低い人であっても，豊かな地域で暮らす人はより健康であり，逆に社会階層の高い人であっても，貧しい地域で暮らす人はより不健康といった傾向である。こうした事実から，生活資源へのアクセスや文化的慣習なども含めた広い意味での居住地区の環境が社会階層とは別に健康を規定する効果をもつと考えられる。こうした環境要因が地理的な健康格差を生み出す仕組みを文脈効果と呼ぶ。

では，どのような環境要因が健康に対する文脈効果をもたらすのだろうか。疫学的転換前のかつての日本では，大都市にみられた「高密度で不衛生な居住・労働環境」に加え，住血吸虫症やマラリアなど，各地に認められた風土病を媒介する生物の生息環境と関連した自然環境が，文脈効果を生み出す環境要因として重要であった。高度成長期には，居住地周辺の大気汚染のような公害の環境要因が関心を集めた。

そして現代にあっては，生活空間の中で健康な生活を妨げる物的・社会的な環境要因の文脈効果が問われている。たとえば，モータリゼーションの発達に伴って出現した郊外大規模店舗の出現は近隣商業地区の衰退をもたらし，自宅から歩く範囲での生活活動機会の乏しい，車を中心とした生活空間を作り出してきた。その結果，車を利用する人々では歩く機会の減少が運動不足や肥満を，車を利用できない社会的弱者では，自力で食材を調達することが難しくなる状況—フードデザートと呼ばれる（岩間ほか 2009）—での栄養状態の悪化を通して，健康水準の低下がもたらされるものと危惧されている。さらには，地

域コミュニティの維持と健康水準の関連性について，良好な近隣社会の人間関係と信頼の構築が集団的な健康に寄与すると考えるソーシャル・キャピタル論（近藤ほか2010）など，近年ではさまざまな健康の地理的な文脈効果が日本社会の中で議論されるようになった。このような生活空間のスケールから，前節までに見てきたより広域的な空間スケールに至るさまざまな空間スケールでの人の移動（構成効果）と環境の変化（文脈効果）を通して，死亡・健康水準の地理的な格差は重層的に生み出されている。

（中谷　友樹）

参考文献

岩間信之・田中耕市・佐々木　緑・駒木伸比古・斎藤幸生 2009. 地方都市在住高齢者の「食」を巡る生活環境の悪化とフードデザート問題－茨城県水戸市を事例として－. 人文地理　61: 139-156.

カワチ, I.・ケネディ, B.P. 著，西　信雄・高尾総司・中山健夫 監訳 2004.『不平等が健康を損なう』日本評論社. Kawachi, I. and Kennedy, B.P. 2002. *The health of nations*. New York: New Press.

岸　玲子 2006. 環境と人権がつくる人々の健康と安全－公衆衛生学の新たな発展をめざして－. 日本公衆衛生雑誌 53: 210-219.

近藤克則・平井　寛・竹田徳則・市田行信・相田　潤 2010. ソーシャル・キャピタルと健康. 行動計量学 37: 27-37.

中谷友樹 2008a. 空間疫学と地理情報システム. 保健医療科学 57: 99-106.

中谷友樹 2008b. 地理空間の中の格差と健康－東京大都市圏の所得と健康の地理的格差を通して－. 保健医療社会学論集 18(2): 36-48.

Fukuda, Y., Nakao, H., Yahata, Y. and Imai, H. 2007. Are health inequalities increasing in Japan? : The trends of 1955 to 2000. *BioScience Trends* 1: 38-42.

Omran, A. R. 1971. The epidemiologic transition: A theory of the epidemiology of population change. *The Milbank Memorial Fund Quarterly* 49: 509-538.

4 国内人口移動

　　国内人口移動は，地域人口の規模や構造を左右する要素の一つとされる。だが一方では，地域人口の規模や構造自体に影響を受ける現象でもある。また，国内人口移動は，高度成長期などにさかんになったように，地域の人口だけではなく，社会や経済全体の変化とも密接な関わりを持っている。

　　本章では，主に統計資料を使って戦後日本の国内人口移動の特徴を見ていく。はじめに人口移動の定義と主な統計資料に触れ，続いて人口移動の推移とその時々の社会経済状況，大都市圏での転入超過の変化とUターン移動などについて概説する。

4.1 人口移動の定義と統計

　人口移動とはその名のとおり「人の移動」のことだが，地理学などでは，一般に狭い意味での「人口移動」を「居住地を変える地域移動」の意味で使っている（大友1996）。そのため，狭義の人口移動には，通勤・通学や旅行などは含まれない。本章で扱うのは，この狭い意味での人口移動（以後，単に「移動」とも呼ぶ）である。簡単にいえば，本章のテーマは「日本のなかでの引越し」ということになる。

　まず，日本の人口移動の統計について簡単に見ておこう。人口移動の統計は，出生や死亡など他の人口統計に比べて整備が遅れている。明治から戦後すぐにかけては，出入寄留の届や国勢調査の出生地データ，食糧管理法にもとづく転出入統計などが人口移動の資料として使われてきた。他方，1954年からは住民登録制度による転入届を用いた移動統計が公表され始めた（「住民登録人口移動報告」，のちに「住民基本台帳人口移動報告」と改名）。この統計では転入しても届を出さない人もいるため，人々の移動が完全に捕捉されているわけではない。ただ，大部分の人は日常生活での必要上，転入先の自治体に住民登録すると考えられている。そのためこの統計は，現在では人口移動の統計として，国勢調査の移動統計（10年おきに調査）と並ぶ主要な統計の一つとされている。

　住民基本台帳人口移動報告と国勢調査の移動統計の内容を見ると，前者では「市区町村の境を越える日本人の移動件数」を扱っている。件数が基準なので，同じ人が1年に何度か移動すれば，それぞれが移動に数えられる。国内移動は都道府県内の市区町村間移動と都道府県間移動に分けられる。ただし市区町村内の移動は含まれないので，国内の「引越し」全部を扱っているわけでない。一方，国勢調査では年によって定義が異なるが，1990年以降は5年前と調査時点の居住地が違う人を「移動者」としている。ここでは件数ではなく，「移動者」か「非移動者」かで移動を把握する（外国人も含む）。また市区町村内の移動も扱っている。このように2つの統計では移動の捉え方が違うので，両者を比べる際には注意が必要となる。

4.2 戦後日本の人口移動の推移

1) 人口移動数の推移

はじめに住民基本台帳人口移動報告により，1954年以降の日本の人口移動の概略を見ていこう。図4-1に市区町村間の人口移動の総数と都道府県内（以下「県内」）・都道府県間（「県間」）別の数を示した。図によれば，1950年代半ばには日本全体で年約500万件の移動があったが，以後，移動件数は急激に増え，1973年のピーク時には年850万件を超えた。しかしこのピークを境に移動数は急速に減少した。他方，1980年代半ばに入ると移動数はしばらく横ばいになり，1990年代半ばには一時的に増加も見られた。しかし，その後は再び減少傾向に転じた。2009年現在の移動数は年530万件ほどである。

移動を県内・県間別に見ると，1960年代前半から1970年代半ばには両者の数がほぼ同程度だったが，その他の時期では県内移動のほうが多い。県間移動では，県内移動と比べて1990年代以降ほぼ一貫して減少している点が目につく。ちなみに人口移動の数は移動距離が短いほど多くなる傾向がある。県間移動は県内移動より長距離の場合が多いが，その県間移動も多くは隣接する都道府県との移動である。なお，住民基本台帳人口移動報告には男女別の統計もある。男女を比べると県間移動で男性の割合が高い。

移動数の変化は何によってもたらされるのだろうか。移動の理由は仕事関係，住宅事情，教育，結婚，親や子との同居・近居，健康の変化，親や配偶者に伴っての転居などさまざまだが，一般に長距離移動では職業関連の，短距離移動では住宅関係の理由が多いといわれる。また社会・経済との関係では，移動数は景気のよしあしや経済の地域差と関連が深い。好景気には就業先が増え，職業関係の移動が増えやすい。好景気で収入が増えれば住みかえもさかんになる。また景気に地域差があれば，景気のよい地域に移動する人も増える。実際，実質国内総生産（GDP）の伸び率と東京圏での転入超過（＝転入－転出）や，所得の地域差と地域間の移動数の間には統計的に強い関係がある（石川1994, 2001）。ただし経済と移動との関係は一方向のものではない。移動の増加により人手不足が解消し，経済が活性化することもある。一般に経済成長は移動をさかんにするが，移動も経済成長を支える役割を持つ。

他方，移動の数には若年層の人口規模も関係する。移動は進学，就職，結婚，住みかえなどのさかんな10歳代後半から30歳代で多い。高度成長期にその年齢層にあった集団は，「人口転換」中の1920年代から1950年ごろに生まれたため人口が多く，移動者も

図4-1　国内人口移動の推移

注：移動率は日本人人口（10月1日現在）に対する総数の比率．1972年まで沖縄県の人口・移動は含まない．
資料：住民基本台帳人口移動報告

多くなった。しかし高度成長期の後は，出生数の減った1950年代以降に生まれた人々が移動の中心になった。1970年代半ば以降の移動数の減少はこうした出生数の変化とも関係している。

2）大都市圏・非大都市圏別の人口移動

次に，日本を大都市圏・非大都市圏に分け，県間移動を圏間・圏内での移動にまとめて観察する。図4-2によれば，1960年代半ばまでは「非大都市圏→大都市圏」の移動が最も多かった。すなわち人口の大都市圏集中の時代である。産業のさかんな都市に人が移動するのは，ラベンシュタインの「移動の法則」（小笠原1999）にもあるとおり，古くからの一般的な傾向である（「長距離移動者は大商工業中心へ向かう」）。ただ，特に高度成長の初期には社会経済面で大都市圏とそれ以外の地域格差が大きかった。そのため膨大な数の人が東京圏をはじめ大都市圏へ向かった（図4-3）。「金の卵」「集団就職」という言葉がよく聞かれ，続いて過疎・過密が深刻な問題となり始めたのもこの時期だった。

他方，高度成長が進み，大都市以外でも生活水準が向上すると，人口移動の方向も変化していく。まず1960年代半ばには大都市圏への移動がほぼ頭打ちになり，大都市圏内（三大都市圏間も含む）の移動が最も多くなった。この移動の主な部分は大都市の郊外への移動（郊外化）であり，その移動者の多くは大都市圏に出てきた後，しばらくして郊外で所帯を持った人々だったと考えられている。また三大都市圏の間の人口移動も大幅に増えた。他方「大都市圏→非大都市圏」「非大都市圏内」の移動でも増加傾向が見られた。後者の増え方はかなり緩やかだったが，前者では移動数の急速な伸びが目立った。この前者の移動では故郷などへ戻るUターンの移動がかなりの数にのぼったと考えられる。

1970年代前半から半ばになると，高度成長期が終わり低成長期に入る。この時期には図4-2のどのタイプの人口移動も減少したが，「非大都市圏→大都市圏」の減少が最も早く，かつ，大きかった。このため，1970年代半ばから後半には「非大都市圏→大都市圏」と「大

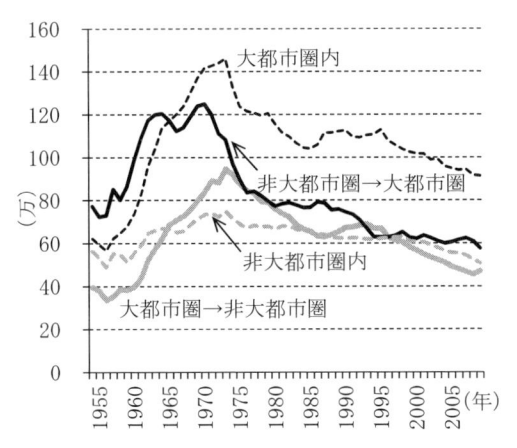

図4-2 大都市圏・非大都市圏別の移動
注：1972年まで沖縄県の移動は含まない．
　　資料：住民基本台帳人口移動報告

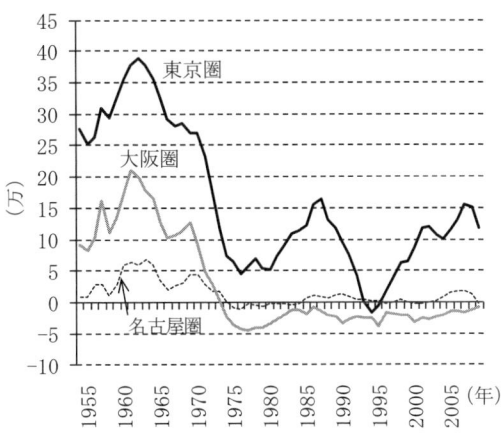

図4-3 三大都市圏の転入超過数
注：1972年まで沖縄県の移動は含まない．
　　資料：住民基本台帳人口移動報告

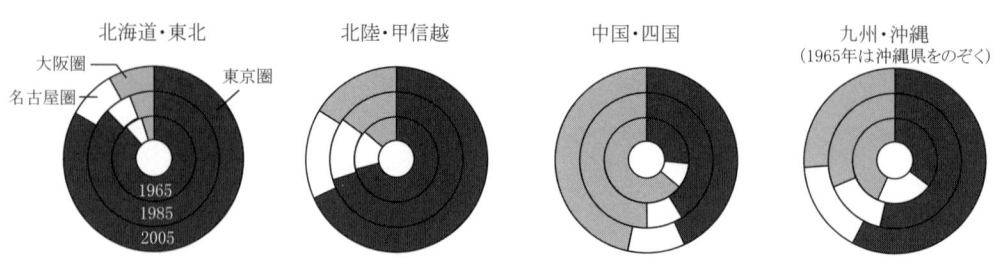

図 4-4　三大都市圏への転出数に占める東京圏，大阪圏，名古屋圏の割合（1965 年，1985 年，2005 年）
資料：住民基本台帳人口移動報告

都市圏→非大都市圏」の人口移動数がほぼ同数になり，大都市圏の転入超過数がマイナス（＝転出超過）になる年もあった。図 4-2 でもわかるが，高度成長期の大都市圏の転入超過数は，多い時期には年 60 万を超えていた。そのため当時としては，大都市圏の転出超過は異例の事態であった。また，非大都市圏でもすでに 1970 年前後には都市部で人口集中が目立つようになっており（岸本 1978），結果としてこの時期には故郷へのＵターン移動の活性化や「地方の時代」の到来がさかんに論じられることになった。なお，こうした変化に関連して，1977 年には「定住構想」を打ち出した第三次全国総合開発計画が策定され，「地方の振興」と「新しい生活圏の確立」が計画に盛り込まれた。

　1980 年代半ばになると，日本は後にバブル経済と呼ばれる時期に入る。1985 年のプラザ合意のあと，日本は好況期を迎え，円高，地価や株価の高騰，人手不足，外国人労働者の増加などの現象が見られた。人口移動では大都市圏から非大都市圏への移動が減り続けたため，大都市圏の転入超過が再び増加した。この転入超過は高度成長期とは異なり，ほぼ東京圏に限られたため，「東京への人口一極集中」などと呼ばれ注目された。東京圏の人口吸収力は他の大都市圏より全体に強く，以前は大阪圏の力が強かった中国・四国などでも東京圏志向が高まった（図 4-4）。ただこの時期の東京圏の転入超過数は高度成長期より少なく，ピーク時で年 16 万強だった。またその他の特徴として，東京の「世界都市化」，つまり東京の世界的な金融センターへの成長やサービス産業の躍進が，東京圏の転入超過に関係したことも指摘されている（石川 2001）。

　バブル経済崩壊後は，再び 1970 年代半ば以降と同じような動きが繰り返された。つまり大都市圏で一時的な転出超過が見られたあと，再び転入超過が目立ち始めた（図 4-3 参照）。この 3 度目の転入超過拡大も，主に東京圏のみの現象だったが，経済の動向はバブル経済期とやや異なる。すなわち，経済指標のなかには景気の回復傾向を示していたものもあったが，個々の人には経済の回復があまり実感されなかったようである。ただ，有効求人倍率などの地域経済格差は広がっていた。また，地価の下落と住宅市場の活性化により，都市中心部で人口が回復する「都心回帰」現象が各地の大都市で起きた。それまでの人口の大都市集中は一般に郊外化を伴うことが多かったから，これは大きな特徴といえる。ただ，東京圏の転入超過には 2008 年以降しばらくの間かげりが見えた。これはおそらく先進国を中心とした経済不況が一因と思われる。

4.3 人口移動をめぐる諸現象

1) 大都市圏の転入超過の変化

すでに見たとおり，日本の非大都市圏・大都市圏間の移動では，非大都市圏から大都市圏への移動（一般に規模がより大きいので「主流」とも呼ばれる）と，逆向きの大都市圏から非大都市圏への移動（「逆流」）において，両者の量的な関係がたびたび変化し，大都市圏の転入超過数が上下動を繰り返してきた。主流と逆流の変化は欧米でも観察されており，先進国の国内移動の一つの特徴となっている（石川 2001）。残念ながら，今のところなぜ日本でこうした上下動が繰り返し起きるのかは，厳密にはわかっていない。ただ各時期の転入超過の増減については，その要因や特徴がかなり明らかにされてきた。経済の好・不況との対応は上で触れたので，ここでは他の要因として，①コーホート（同じ時期に生まれた人の集団）の規模，②主流と何年か後の逆流との量的関係について指摘する。

まず，①コーホートの規模は，出生時期別の人口が移動全体に与える影響を考える立場から論じられてきた要因である。この要因の影響がよく指摘されるのは，1970年代半ばの転入超過の縮小に関してだろう。

一般に，大都市圏に出てきた人は全員が大都市圏にとどまるのではなく，ある程度の数は何年か後に故郷や他の地域へ出て行く。この動きをコーホート別にみた場合，1970年代半ばは大都市圏に出てきた団塊の世代の一部が故郷などへ転出する時期にあたっていた。他方，この時期は1950年代生まれの若者が大都市圏に出て行く時期でもあった。この若者たちは出生数が急激に減った時期に生まれたため，団塊の世代よりはるかに人口が少ない。その結果，1970年代半ばの大都市圏では，人口規模の差を反映して，団塊の世代による逆流が相対的に大きく，1950年代生まれの主流が小さくなった。つまり当時の大都市圏の転入超過の縮小には，コーホート規模の差が影響したと考えられる（河邉 1985）。ただ，コーホート規模の影響は1990年代の転入超過の縮小では小さい（井上 2002）。これは人口転換の終わり以降，出生数の変化が小さくなったためと考えられる。

②の主流と何年か後の逆流の量的関係は，基本的には①と同様，大都市圏への転入者のうち，ある程度の割合が何年か後に転出することで生じる。ただ，ここで重要なのは，この転出行動により主流と何年か後の逆流の動きが連動する点である。つまり，主流が多く（少なく）なる時には何年か後の逆流も多く（少なく）なる傾向が見られる（阿部 1994）。

これを大都市圏の転入超過との関連でみると，たとえば主流がしばらく減少し，ある時から横ばいになった場合，逆流は何年か前の主流の動きを反映して減少を続ける。その結果，転入超過は増えていく。他方，その後主流が減り始め，逆流が少し前の主流の動向に応じて横ばいになると，転入超過は減少する。こうした例は図4-2からもうかがえるし，実際に主流のグラフを8年ほど右にずらすと，逆流との対応がはっきりする。また，この主流と逆流の関係で特徴的なのは，グラフをずらした場合，転入超過の上下動が比較的小さくなる点である。これはつまり，「人口の東京一極集中」などの現象には，移動流の時間差によって引き起こされた部分が一定程度あることを意味している。

2）Uターン移動

　Uターン移動とは，ある地域から転出した人がその地に戻る移動のことだが，一般には出身地に戻る移動を指すことが多い。学術的には帰還移動，還流移動などと呼ばれる。Uターンは戦前から注目された現象で，当時は特に農家の次・三男などの離村・帰村の研究がさかんだった。ここでのUターンは農村での「過剰人口」問題の一環として扱われていた。しかし現在では，非大都市地域の人口・社会の衰退を食い止める要素と捉えられている。

　一般に故郷に戻る人は若者に多い。彼らは家族を連れてきたり，戻って子どもを持ったりする可能性が高く，人口規模に与える影響が大きい。そのため県などがUターン就職説明会を大都市圏で開いたり，個別の町村が独自の奨励策を出したりしてきた。たとえば，定住意志のあるUIターン者のうち，町内の事業者により新築の住宅を得ようとする人にはトラック1台分の木材を贈呈する（福島県小野町），定住意志を持ち，一定の要件に該当する転入者が住宅を新築か購入する際には30万円の奨励金を出す（山形県飯豊町），などの施策も見られた（各町のホームページによる。2010.8.6閲覧）。

　だが，こうした施策にもかかわらず，転出者のかなりの部分が戻らない町村は少なくない。特に都市部から離れた小さな自治体の状況は非常に厳しいといわれる。一般に転出者は故郷にはない機会を求めて転出する。故郷の状況が大きく変わらない限り，戻る人を大幅に増やすのは難しい。

　他方，Uターン移動の統計に関しては，じつはほとんど整備がされておらず，日本全体の正確なUターン数はわからない状態にある。アンケート調査は多いが（たとえば江崎ほか2000），特定地域の調査だったり，一部の移動しか調べていなかったりという問題がある。そこで一部の人口研究者は，コーホートの人口が10歳代から30歳代にかけて減少・回復する過程からUターンの傾向を捉えようとしている（たとえば谷2008）。一般に非大都市圏在住のコーホートでは，移動による社会増減に伴い人口規模が10歳代後半から20歳代前半にかけて縮小し，20歳代後半から30歳代に回復する（これらの年齢層では死亡率が非常に低く，人口増減のほとんどは社会増減による）。彼ら研究者は，この後者の回復がUターンの動向と関連すると考えている。もちろん，人口増減（あるいは社会増減）だけの分析では，Uターンを含めた移動そのものの動きが具体的にわからないという問題がある。ただ，こうした人口の変化がUターンの動向をある程度反映するという想定自体は可能だと思われる。ここでは例として谷（2008）の分析を示す（図4-5）。

　図4-5では2つの集団（1945年10月～1950年9月生まれ〈1945-50年コーホート〉，1965年10月～1970年9月生まれ〈1965-70年コーホート〉）を取り上げ，10～14歳時から20～24歳時にかけて減った人口に対して，その後35～39歳時までに回復した分がどの程度の割合を占めるか（＝「人口回復率」）を示している。図によれば，人口回復率は大都市圏に近い県で高い傾向がある。たとえば1965-70年コーホートでは，東京圏周辺のほとんどの県で回復率が50%を超えている。他方，コーホート間の変化では東日本で回復率の上昇が特に目立っている。

　谷（2008）によれば，1940年コーホート以降，図4-5の「-+」型の回復率は全体とし

(1) 1945-50 年コーホート　　(2) 1965-70 年コーホート

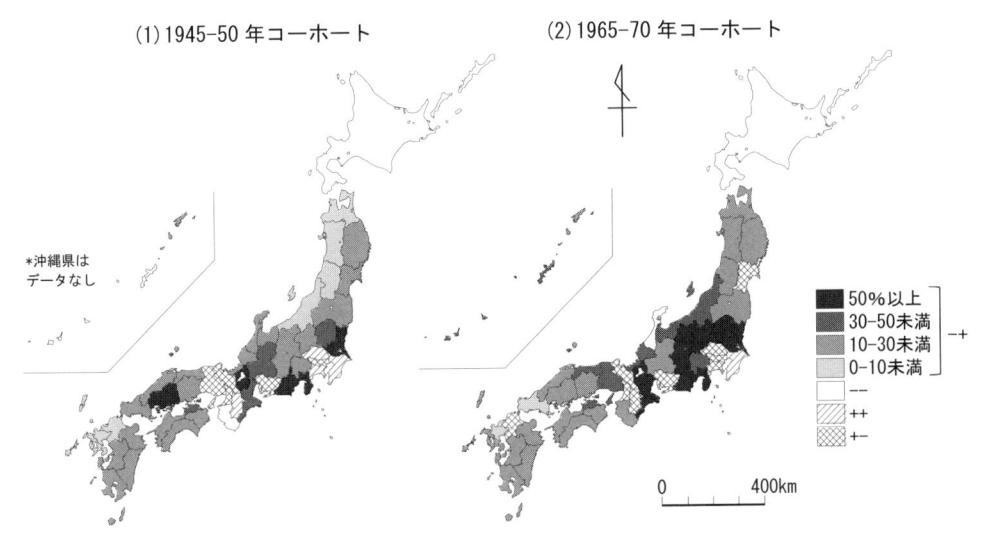

図 4-5　コーホート別の人口回復率
注：原図に 1965-70 年コーホートの沖縄県に関する筆者の計算値（＝ 30-50 未満）を追加した．
人口回復率＝（35〜39 歳人口－20〜24 歳人口）／（10〜14 歳人口－20〜24 歳人口）× 100．
人口は国勢調査による．－－，＋＋，＋－などの符号は，順に「10〜14 歳から 20〜24 歳にかけて」
「20〜24 歳から 35〜39 歳にかけて」の人口規模の変化を示す．
出典：谷（2008）

ても上昇傾向にあるということから，人口回復率で見る限りは，少なくとも 1940-45 年コーホートからデータの取れた 1965-70 年コーホートまでは，非大都市圏の U ターン率はおおむね上昇傾向にあると想像することも可能だろう．ただその一方，非大都市圏の多くの県ではすでに人口が減り始めている．これは回復率が上昇しても転入超過までには至らないこと，長年の少子化により自然増加率が低下してきたことなどの影響による．

（清水　昌人）

参考文献
阿部　隆 1994．国内人口移動における主流と逆流のタイムラグ．人口学研究 17: 33-40.
石川義孝 1994．『人口移動の計量地理学』古今書院．
石川義孝編 2001．『人口移動転換の研究』京都大学学術出版会．
井上　孝 2002．人口学的視点からみたわが国の人口移動転換．荒井良雄・川口太郎・井上　孝編『日本の人口移動－ライフコースと地域性－』53-70．古今書院．
江崎雄治・荒井良雄・川口太郎 2000．地方圏出身者の還流移動－長野県および宮崎県出身者の事例－．人文地理 52(2): 190-203.
大友　篤 1996．『日本の人口移動－戦後における人口の地域分布変動と地域間移動－』大蔵省印刷局．
小笠原節夫 1999．『人口地理学入門』大明堂．
河邊　宏 1985．コーホートによってみた戦後日本の人口移動の特色．人口問題研究 175: 1-15.
岸本　實 1978．『人口移動論－その地理学的研究－』二宮書店．
谷　謙二 2008．1920 年から 2005 年にかけての都道府県ごとの年齢構造の変化とその類型化－コーホートごとの人口分布変動－．埼玉大学教育学部地理学研究報告 28: 1-24.

5 国際人口移動

現代世界における人の空間的な流れはきわめて多様である。この章では，国境を越えた，居住地の変更を伴う流れについて，解説する。まず，日本における国際人口移動の推移を公的統計に基づいて概観したのち，こうした移動の目的やそれを引き起こす背景について述べるとともに，国際人口移動転換について説明する。さらに，海外に在住する日本人がどこの地域に多いかについて触れ，彼らの海外生活に関するこれまでの研究の主な知見を紹介する。

5.1 国際人口移動の推移

人の空間的な流れはきわめて多様であり，居住地をいったん離れたとしてもそこに帰ってくるものと，帰ってくることがないものに，一応分けることができる。後者は居住地の変更を伴う流れであり，一般的に人口移動と呼ばれる。なお，この基準を単純に踏まえると，海外への出稼ぎや定年を迎えてそれまでの滞在国から出身国に帰還する事例は前者に含まれようが，移動先の国で比較的長期間滞在する場合には後者に含めることが多い。

また，人口移動は国境を越えるか否かという観点から国内人口移動と国際人口移動に二分できる。本章で扱うのは国際人口移動である。国際移動と国内移動はどちらも移動という同一の現象であり，国境を越えるか否かという点から簡単に区別できると考えられるかもしれない。しかし，これまでの地理学研究の中では，両者は相互に関連しつつ扱われてきたというよりは，個別のテーマとして扱われてきたといった面が強い点に注意する必要がある（石川 2004；スケルドン 2005）。

たとえば国際人口移動は，国内人口移動と比較すると次のような難しさがある。国際移動にはしばしば密航者や不法滞在者などが含まれるが，彼らは公式の統計には現れないか，あるいは現れにくい。さらに人の国際移動の場合には，移動先の国における住所や滞在先が一時的・暫定的であることが珍しくなく，それが居住地の明確な変更を伴っているかどうかの判断が簡単ではない。このため，一般的に国際人口移動の研究では，居住地の変更がないと思われるような短期間の空間的な流れも含めて議論することが少なくない。

これらの点を考慮して，以下ではまず居住地変更を特に問題にしない人の流れと，変更があると想定しうる流れの2つのケースについて，日本のデータを概観しておこう。ここでは，前者をフローベースの移動，後者をストックベースの移動と呼んでおきたい。ちなみに日本の公的統計では，国内ないしは海外の移動先での滞在期間が3ヶ月未満の人を短期的な移動者とみなし，それ以上の滞在期間の人のデータが詳しく掲載される。この基準を踏まえると，移動先の国で3ヶ月以上の滞在期間がある場合に居住地変更があったとみなしてよいであろう。

日本におけるフローベースの国際人口移動は，『出入国管理統計年報』からわかる。こ

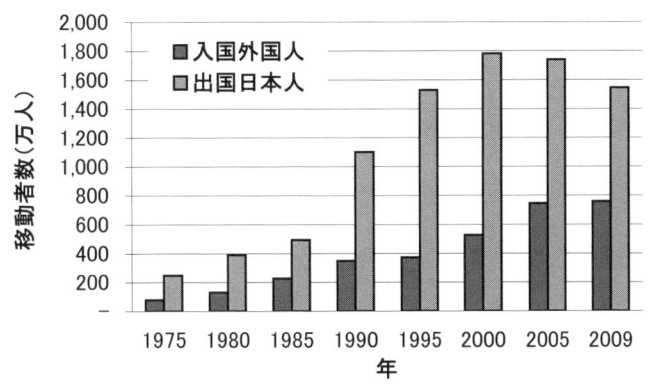

図5-1 国際人口移動（フローベース）の推移
資料：出入国管理統計年報

の統計には，日本を舞台とした人の多様な出入りについてのデータが掲載されている。日本の総人口に対する日本人と外国人を合わせた出入国者数の比率は，1970年代までは1割以下にとどまっていた。しかし，以降急上昇を示し，1990年においては23.0%，2009年においては36.3%に達しており，わが国を舞台とした人の国際的移動は活発化の一途をたどっている。

図5-1は，フローベースで，1975年以降における出国日本人と入国外国人の数を示したものである（なお，以下の図5-2においても1975年以降の数を掲げているのは，1972年に沖縄が日本に返還されたため，この年以後に統一的なデータを示せるからである）。出国日本人は1975年には247万人を数えるにすぎなかったが，1980年代後半には好況の影響を受け，増加がめざましかった。2000年以後は不況の影響もあってやや減少し，2009年には1,545万人となっている。それに対し，入国外国人の数は，対象期間において出国日本人の4分の1から半分の数にとどまっているが，1970年代以降一貫して増加し，2009年には758万人を記録した。『出入国管理統計年報』に掲載されているこれらの数の大部分は，短期間の日本人の海外旅行者や外国人の日本観光旅行者によって占められているため，図5-1は，国際観光旅行という点での日本人の流出超過を示すデータと理解できる。

また，図5-2は，ストックベースの国際人口移動のデータとして，1975年以降における，『在留外国人統計』に記載された日本在住の外国人と，『海外在留邦人数調査統計』に記載された海外在住の日本人の数を示したものである。なお，この図は3ヶ月以上の滞在予定のある，いわば居住地変更があるとみなせる人だけを扱っているため，短期間の観光客が大多数を占めている図5-1より数自体がかなり少ないことに注意されたい。

海外在留日本人は日本企業の海外展開が見られ始めた1970年代以降，徐々に数が増え，2009年において113万人に達している。それに対し，在留外国人は1975年から1985年までは75万人から85万人へと，ゆるやかに増加していた。しかし，日本経済が好景気に沸いた1980年代後半に労働力不足が生じ，それを埋めるために外国人労働力が大量に流入することになった。1980年前半以前に外国人の流入が少なかったのは，国内の農村部

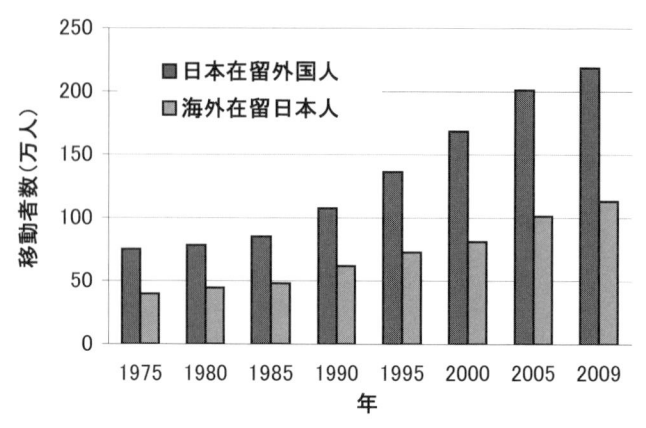

図5-2 国際人口移動（ストックベース）の推移
資料：海外在留邦人数調査統計，在留外国人統計

に余剰労働力が大量に滞留しており，これが，外国人労働力に代わる役割を担ったからと考えられる。

1990年代以降は不況になったが，外国人の流入はやむことなく続いた。外国人の出身国と日本との間に大きな賃金格差があるため，日本で就労するメリットが広く知られるとともに，いったん流入した外国人の間で社会的ネットワーク（同じ民族的な背景を持つ人々との多様なつながり）ができあがったからである。

5.2 国際移動の目的や背景

ところで，なぜ人は国境を越える移動をするのであろうか。次に，この点について述べよう。

国際人口移動の目的あるいは理由は多様である。現代世界において国際移動の中で大きな比重を占めるのは，途上国から先進国への労働を目的とした移動である。そのため，従来の国際人口移動に関する研究では，労働力移動，とりわけ未熟練ないしは半熟練労働力の移動に大きな関心が寄せられてきた。

しかし現代世界にはこれ以外の人の国際移動，たとえば専門職の移動，留学，難民，国際ツーリズム，国際結婚，引退移動など多様なカテゴリーがあることにも注意すべきである。これらの諸カテゴリーについては，未・半熟練労働力の国際移動に比べて研究が概して遅れている。日本ではこれまで難民受け入れがきわめて少ないため，この移動目的に関する関心は高くなかった。また，定年をきっかけとしてそれまでの居住地から温暖な場所に移動する引退移動は，今日のヨーロッパでは広く観察される。わが国においても，引退を契機とするこうした国際移動が見られ始めるようになった（久保・石川 2004）。

なお，上記のような国際移動の諸カテゴリーは，互いに独立したものではなく，しばしば深く関連している。たとえば留学は，その後の一連の国際人口移動の出発点となりやすい。また，周知のように観光客を装って特定の国に入国し就労する人が多く，国際ツーリズムと労働力移動の関係も深い。観光目的での入国は，わが国に限らず，移動先の国で就

労の隠れ蓑となることが珍しくない。なお，就労を目的とした非合法移動者（非正規移動者と言うこともある）が多数見られるのは，わが国のみならず，先進諸国あるいは近年経済発展の著しい国々に共通した現象である。

次に，国際人口移動の背景にもふれておこう。まず，航空交通の飛躍的発展によって人の空間的移動が低廉な価格で迅速に行えるようになったことが重要である。また，東西冷戦体制が崩壊した1990年頃から，それまでの世界秩序を支えていたイデオロギーの影響力が弱まった結果，移動先の国での就労を目的とした合法・非合法を含む労働移動が活発になってきた。

人の移動を生む原因として，出発地から押し出すプッシュ要因と，到着地に引きつけるプル要因が挙げられることも多い。これは国内移動にも国際移動にも妥当する。国境を越える国際労働移動を念頭に置くと，プッシュ要因としては失業・不完全雇用・低賃金，プル要因としては労働力不足・高賃金などが具体的に該当する。途上国と先進工業国の間でみられる大きな賃金格差は，双方の要因が結びついた理由と考えられる。

また，サッセン（1992）は，国際人口移動を引き起こす原因として，次のような経済的理由を重視している。国際人口移動は，国境を越えた商品・資本・情報などの流通空間の形成・発展といった経済の国際化の不可避の結果として生じる。とりわけ世界経済の中枢としての世界都市には，低賃金のサービス業務，拡大する下級製造部門，移民社会自体への財・サービスの供給といった需要が生まれ，多数の移民労働力がこれらの需要を満たすべく吸収されると説く。

以上から，国境を越える人の移動の中で労働移動が重要な地位を占めていることが理解されよう。そこで，日本を舞台とした国際人口移動について，日本国内で就労している外国人と，海外で就労している日本人だけを抜き出して，その推移を検討することもできる（石川2005）。かつての日本は，流出する日本人が流入する外国人を上回る流出超過の状態にあった。しかし今日では，流出日本人より流入外国人が多くなる流入超過の状態となった。流出超過から流入超過への変化を国際人口移動転換と呼ぶが，日本は1990年頃にこの転換を遂げたと考えられる。ちなみに，アジアで流入超過の状態となっているのは，日本のほか，東アジアや東南アジアの韓国・台湾・シンガポール・マレーシアといった国々や，西アジアの石油産出諸国があげられよう。

なお，人口移動が移動者自身の意思によるものか否かという観点からみると，日本から出国する，あるいは日本へ入国する移動の大部分は，移動者自らの意思に基づいた自発的移動である。しかし，現代世界においては，非自発的移動あるいは強制的移動も，決して珍しくない。部族対立・内戦，干ばつ・飢餓などによって生じる難民は，それまでの居住地から引き離された人々による，国際的なスケールで典型的な強制的移動である。

5.3　海外在住の日本人

日本を舞台とした国際人口移動に関しては，入国する外国人と出国する日本人が重要な焦点となる。このうち，日本に入国し一定期間居住している外国人については次章で詳述

表 5-1　海外在住日本人の概観（2009 年）

地　域	総　数	地域別割合(%)	永住者	長期滞在者					
^	^	^	^	総　数	民間企業関係者	報道関係者	自由業関係者	留学生・研究者・教師	政府関係職員	その他
世界総数	1,131,807	100.0	373,559	758,248	410,788	3,354	37,411	173,522	25,074	108,099
アジア	302,469	26.7	19,475	282,994	202,787	922	9,459	18,715	7,473	43,638
オセアニア	91,189	8.1	46,724	44,465	9,244	61	2,677	16,783	1,031	14,669
北米	437,308	38.6	174,087	263,221	128,919	1,465	11,526	91,688	4,329	25,294
中米・カリブ	9,546	0.8	3,260	6,286	3,309	13	565	564	1,230	605
南米	85,009	7.5	79,107	5,902	2,833	17	622	400	1,275	755
西欧	180,622	16.0	47,833	132,789	52,047	707	11,688	43,576	4,849	19,922
中・東欧,旧ソ連	7,916	0.7	931	6,985	3,813	71	365	1,237	997	502
中東	9,832	0.9	1,520	8,312	5,423	32	162	292	1,225	1,178
アフリカ	7,888	0.7	622	7,266	2,413	66	347	265	2,639	1,536
南極	28	0.0	0	28	0	0	0	2	26	0

単位：人．「長期滞在者」には，本人のほか同居家族も含まれる．
資料：海外在留邦人数調査統計

する。ここでは，海外に在住している日本人について検討しておきたい。

　海外在住の日本人の数は，『海外在留邦人数調査統計』から判明する。この統計の対象は日本国籍を有している人であり，永住者と長期滞在者（3ヶ月以上当該国で滞在する者）に二分され，長期滞在者はさらに6つの職業に分けることができる。

　表5-1は，2009年における海外の日本人数を，10の地域別に示したものである。主な分布地域は北米・アジア・西欧で，これら3地域で総数の8割あまりを占めている。多くの地域で長期滞在者数が永住者数を上回っているが，南米とオセアニアに在住する日本人に関しては永住者の割合が高い。長期滞在者の職業からみると，民間企業関係者の割合が圧倒的に大きく，これに留学・研究者・教師，自由業関係者，政府関係職員が続く。民間企業関係者は1970年代以降，日本からの海外直接投資の増大や日本企業の世界展開と平行して増加してきた。なお，地域別に長期滞在者の職業をみると，アジアでは民間企業関係者，北米・西欧・オセアニアでは留学・研究者・教師の比率が高い点に特色がある。

　海外在留の日本人については，これまで一定の研究成果があるので，その成果の一部をかいつまんで紹介したい。

　職業別にみて最大の割合を占める民間企業関係者のうち，大手企業から派遣される日本人およびその家族については，たとえばロンドン・ジュッセルドルフ・ロサンジェルス・シンガポールを対象とした報告（岩崎ほか 2003: 131-203）によれば，各都市における高級住宅地にある当該企業の借り上げ住宅や，その企業と関連の深い不動産業者によって紹介された住宅に住むことが多い。彼らにとって海外赴任はキャリア形成の一部であり，数年で日本に帰国する者が多い。地元の住民との交流は少なく，都市内の特定の地区に集住し，日本人コミュニティを形成しているという。

　ちなみに，1970年代以降のロサンジェルスでは，日系企業の進出が増えてくると，古

写真 5-1　ガーデナ市の日本文化会館
(2006 年 9 月 16 日　筆者撮影)

くからの日系人コミュニティであったリトルトーキョー以外に，ガーデナ市を中心とするサウスベイ地区に，日本からの駐在員が集中するようになった。ここには，メーカー系企業に対する各種サービス業や，日本人家族に対する個人サービス業の集積が目立っている。写真 5-1 は，ガーデナ市にある日本文化会館であり，日系コミュニティのさまざまなイベントに利用されている。

　また，こうした企業派遣の日本人とは別に，カナダあるいは香港やシンガポールを対象とした研究から，近年，比較的年齢の若い現地採用の日本人女性の長期滞在者が多くなっていることも報告されている（岩崎ほか 2003: 224-253; 中澤ほか 2008）。こうした海外生活の理由は多岐にわたるが，彼女たちの多くは英語圏諸国への留学経験があり，その経験を活かすべく，こうした国や都市で就業している。このような行動の背景には，日本社会における結婚規範への嫌気がある一方，彼女たちは日本人としてのアイデンティティも意識せざるを得ず，現状の不安定な就業を長く続けることにはどちらかというと消極的である。

　以上のような，民間企業関係の日本人の多い都市では，大手企業の駐在員やその家族を中心に，顕著な社会的ネットワークが形成されていることが多い。しかし，海外在住の日本人は移動先の国においてエスニック・マイノリティであるがゆえに，これとは別の，独特な社会的ネットワークも見られる。

　スペインに在住し国際結婚をしている日本人女性の間には，「たんぽぽの会」という名称のネットワーク組織がある。会員はスペイン国内に分散しているが，3ヶ月おきに「たんぽぽ通信」という会報を発行している。この会報に掲載された記事では，スペインでの異文化経験や生活への適応過程，自分たちのアイデンティティの変化，周囲の社会的現実の解釈などさまざまなトピックについて報告されている。こうした報告の言説分析から，この組織が，国際結婚によってスペインに住むことになった日本人の女性移民にとって，

出身国から遠く離れた国での孤立を避けるために有効な方法となっていることが明らかになっている（Avila Tapies 2008）。

（石川　義孝）

参考文献
石川義孝 2004. 国内・国際人口移動論. 杉浦芳夫編『空間の経済地理』128-151. 朝倉書店.
石川義孝 2005. 日本の国際人口移動の転換点. 石川義孝編『アジア太平洋地域の人口移動』327-351. 明石書店.
岩崎信彦・ピーチ, C.・宮島　喬・グッドマン, R.・油井清光編 2003.『海外における日本人，日本のなかの外国人－グローバルな移民流動とエスノスケープ－』昭和堂.
久保智祥・石川義孝 2004.「楽園」を求めて－日本人の国際引退移動－. 人文地理 56: 296-309.
サッセン, S. 著, 森田桐郎ほか訳 1992.『労働と資本の国際移動－世界都市と移民労働者－』岩波書店.
スケルドン, R. 著, 祖田亮次訳 2005. 人口移動と人口移動研究－人口流動史編纂に向けての序論－. 石川義孝編『アジア太平洋地域の人口移動』29-54. 明石書店.
中澤高志・由井義通・神谷浩夫・木下礼子・武田祐子 2008. 海外就職の経験と日本人としてのアイデンティティ－シンガポールで働く現地採用日本人女性を対象に－. 地理学評論 81: 95-120.
Avila Tapies, R. 2008. Building friendship networks and intercultural spaces: The case of Japanese women in Spain. *Migracijske i etničke teme* (*Migration and Ethnic Theme*) 24: 341-352.

6　在留外国人

　　わが国では，1980年代以降外国人が増加している．本章ではまず，彼らの増加傾向の基本的特色について述べる．日本に住んでいる外国人の滞日の目的を示す在留資格は多様である一方，彼らの分布状況をみると，全国的には国土の中心部への集中が顕著であり，都市内ではインナーシティをはじめとする地区での集住が注目される．外国人はホスト国に入国後，家族呼び寄せなどを経て社会階層を上昇させていくことが珍しくないが，それは彼らの居住地移動からも確認できる．

6.1　在留外国人の推移

　日本において3ヶ月以上居住する予定の外国人は，日本入国後，市区役所や町村役場の窓口で外国人登録を行う．この手続きをした外国人が，法務省入国管理局『在留外国人統計』にその数が掲載される．2009年末における登録外国人の総数は218.6万人に及び，日本の総人口の1.7%を占める．この比率は多くの先進諸国における外国人比率より低いが，外国人増加の勢いは顕著である．

　わが国における登録外国人数は，既に前章で述べたように1980年代半ばまでは比較的安定していたが，80年代の後半からは増加傾向にある．2009年における在留外国人総数のうち，77.3%はアジア，15.6%は南米の国々の国籍を持つ人々によって占められている．人口の多い上位の4国籍は，中国（31.1%），韓国・朝鮮（26.5%），ブラジル（12.2%），フィリピン（9.7%）である．

　しかし，図6-1に明らかなように，1975年以降の変化は同じではない．韓国・朝鮮は2005年までわが国で最多の国籍であった．しかし，1990年代以後に増加の著しい中国に抜かれ，2009年には国内第2位の外国人となっている．ブラジルは，入国管理および難

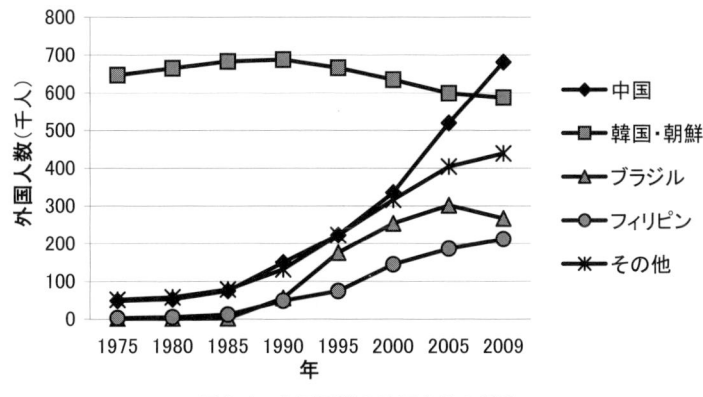

図6-1　主要国籍の外国人数の推移
資料：在留外国人統計

民認定法（入管法）が改正された 1990 年以後における伸びがめざましかったが，2008 年秋のリーマン・ショックをきっかけとする世界同時不況の影響をうけ，2005～2009 年の時期にはやや減少している。1990 年代半ばからはフィリピンの増加が注目される。

なお，日本の植民地時代の朝鮮半島からの移住者やその子孫にあたり，在日の年数の長い外国人をオールドカマー，1980 年代以降に流入した外国人をニューカマーと呼ぶことがある。図 6-1 において，韓国・朝鮮が 1990 年から減少傾向なのは，高齢化による死亡や日本への帰化のためである。したがって，前章の図 5-2 に示されたわが国の過去 30 年間における外国人の急増は，ニューカマーの増加によるものといってよい。

6.2　多様な在留資格

ところで，外国人は各自，日本での滞在の目的にあたる在留資格を持っている。入管法上の在留資格は 27 種類あり，就労が認められる資格，就労が認められない資格，就労の可否は指定される活動による資格，活動に制限のない資格に分かれる。2009 年において 1 万人以上の該当者のいる在留資格とその該当者数（単位：万人）を書き出すと，就労が認められる資格では「人文知識・国際業務」(6.9),「技術」(5.0),「技能」(2.9),「企業内転勤」(1.7)「興行」(1.1),「教育」(1.0), 就労が認められない資格では「留学」(14.6),「家族滞在」(11.5),「研修」(6.5),「就学」(4.7),「短期滞在」(3.3), 就労の可否は指定される活動による資格では「特定活動」(13.1), 活動に制限のない資格では,「永住者」(53.3),「日本人の配偶者等」(22.2),「定住者」(22.2),「永住者の配偶者等」(2.0) となる。

こうしたデータは，日本に在留している外国人の目的がきわめて多様であることを物語っている。日本は，現代世界において外国人労働力の有力な目的地となっており，在留資格で定められた内容と異なり，就労を実際の目的として入国する外国人も少なくない。また，就労が認められない在留資格からそれが認められる資格へ，さらに，活動に制限のない資格への資格変更が多く見られることは，こうした就労指向の現れと理解することができよう。

なお，上述したオールドカマーは，「特別永住者」という資格を持つ人々にほぼ合致している。2009 年末現在，この資格を持つ外国人は 41.0 万人に及び，外国人総数の 18.7% を占め，その 99.0% は韓国・朝鮮人である。図 6-1 に明らかなように，ニューカマー外国人が急増し始める 1985 年から前の時期には, 在留外国人の大部分は, 韓国・朝鮮国籍のオールドカマーによって占められていた。

6.3　日本国内の分布状況

次に，外国人が日本国内のどこに多いのかを見ておこう。外国人の居住地を確認できる基本的な統計として, 上述した『在留外国人統計』のほかに, 総務省統計局『国勢調査報告』がある。前者は毎年刊行され，在留資格に関するデータも入手できる点で優れている。一方，後者は 5 年に一度しか刊行されないが，外国人の属性別のデータが多いうえ，市区町村別，さらに町丁・字別などの細かい空間単位ごとのデータが入手できる点が優れている。

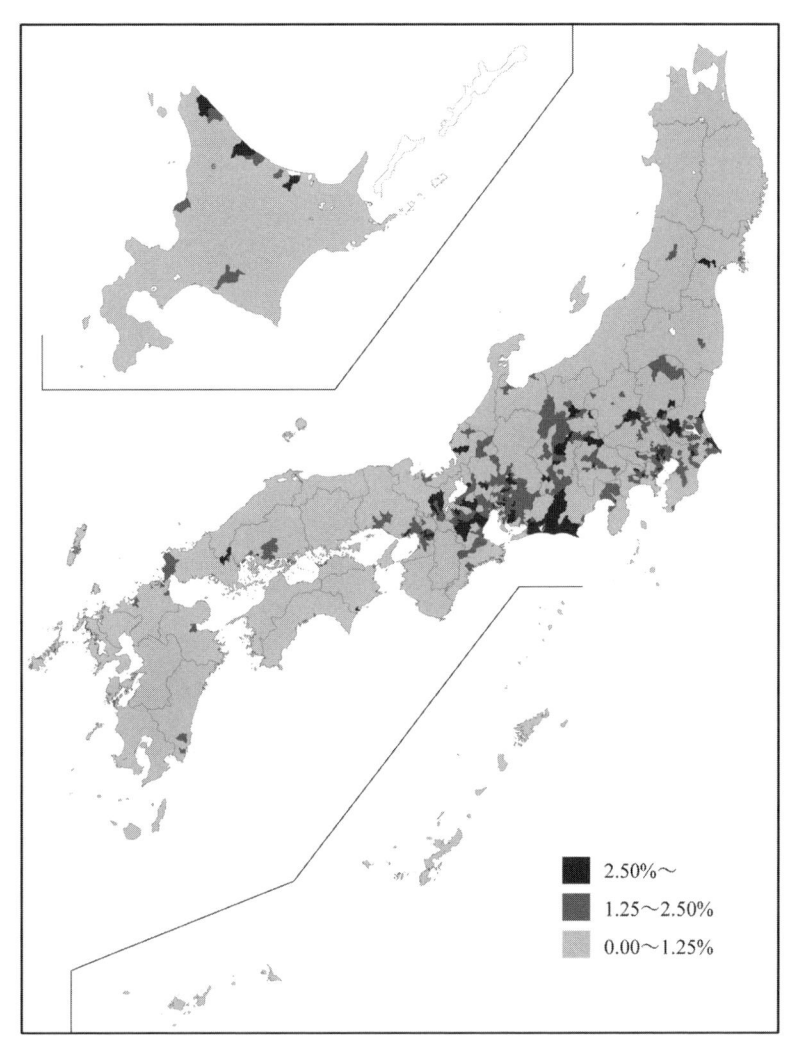

図 6-2 市区町村別にみた外国人人口比率（2005 年）
資料：国勢調査

ただし，両統計ではデータの取り方が異なっていることもあり，外国人数に少なからぬ差がある点に注意の必要がある。これら両統計が揃う 2005 年の外国人数が，在留外国人統計では 201.2 万人，国勢調査では 155.6 万人であり，45 万人あまりの差がある。この差が生じる主な原因としては，主にアジア諸国から流入した外国人による，国勢調査への非協力から生じる調査漏れが考えられる（石川 2005）。

図 6-2 は，市区町村別の外国人人口比率を，2005 年の国勢調査のデータを用いて作成したものである。この年の国勢調査による全国の外国人人口比率は 1.22% である。同図によれば，この比率がほぼ全国平均に相当する 1.25% に達しない市区町村の面積が圧倒的に広い。特に東北以北や中国・四国以西の自治体では，この比率が概して低い。つまり，在留外国人は国土の一部の範囲への集中が進んでいるといえる。

製造業やサービス業をはじめとする多様な雇用機会に恵まれた三大都市圏を含む関東か

第 6 章 在留外国人 45

ら近畿にかけての日本の中央部では，全国平均を上回る1.25%以上の外国人比率を示す自治体が多い。大阪をはじめ近畿では，韓国・朝鮮国籍のオールドカマーが多い。それに対し，首都圏では中国をはじめアジア諸国からの流入者が目立つし，製造業の強い東海や北関東ではブラジルを中心とする南米出身の外国人が多い。つまり，日本国内の外国人のおおまかな分布状況は，戦前からの経緯や彼らに雇用機会を提供している産業の集積の具合に，主に規定されている。外国人は同一国籍人口の多い地域への移動傾向が強く，それが国土の中央部への集中を一層強めることにつながっている。

さらに，外国人の居住地の空間的スケールを変え，都市という範囲で見た場合，特定地区での集中が見られるのであろうか。もし見られるとすれば，都市内のどこが主要な集住地となっているのであろうか。こうした外国人の都市内集住地や当該国のエスニック・マジョリティ（民族的にみた多数派）とのすみ分けや混住は地理学の重要なテーマであり，これまで大きな関心が寄せられてきた。

このテーマについて，欧米の都市を対象にした既往研究を整理したノックス・ピンチ（2005）によると，エスニック・マイノリティ（民族的にみた少数派）の集住の理由は外部要因と内部要因からなる。外部要因とは，移動先の国においてエスニック・マジョリティによる差別や偏見から余儀なくされる集住をさす。一方，内部要因とは，移民が自らの防御，同胞の支援，自分たちマイノリティの文化の維持，政治的な攻勢などの点から，集住のメリットを意識し，自主的に集住することを意味する。なお，エスニック・マイノリティは，欧米では移民，日本では外国人と呼ばれることが多い。移民という語句は永住を想定してホスト国に入国する人たちを指すことが多いが，日本では基本的に新規入国者に永住権が与えられることはないからである。

エスニック・マイノリティの集住は，多くの場合，都市内のインナーシティと呼ばれる範囲に見られる。インナーシティは都心部と郊外に挟まれた地区にあたるため，都心周辺地帯と呼ばれることもある。ここは雇用機会に恵まれた都心部に近く，徒歩や公共交通機関による通勤が可能である。また，市街地が形成された時期が比較的早く，建物の老朽化が進んでいることが多いため賃貸料が安く，エスニック・マジョリティが敬遠しがちであることが，移民が集住する理由である。また，移民が公営住宅に入居することも多く，公営住宅が彼らの集住地区となっている事例も少なくない。ただし，この場合の公営住宅はしばしば，交通の便が悪い外縁部に位置し，荒れていることもあるという。

欧米の都市を対象にした以上のような整理は，日本在住の外国人の都市内集住にも基本的にあてはまる。たとえば，現在，わが国を代表する韓国や中国出身のニューカマーの集住地となっている新宿区大久保地区と豊島区池袋地区は，かつては木賃アパートが集中し，インナーシティとしての性格の強い所であった。これらの地区における住宅の質は必ずしも良好ではなく，1980年代の好景気の時期に，それまでの主な住民である若年の日本人の転出が続いた。その空隙を埋めるように，1980年代後半以降，職場に近いというメリットに気づいたアジアからのニューカマーが流入し，集住地が形成されることになった（田嶋1998）。なお，日本の各地で公営住宅への外国人の入居が進んでいることも注目される

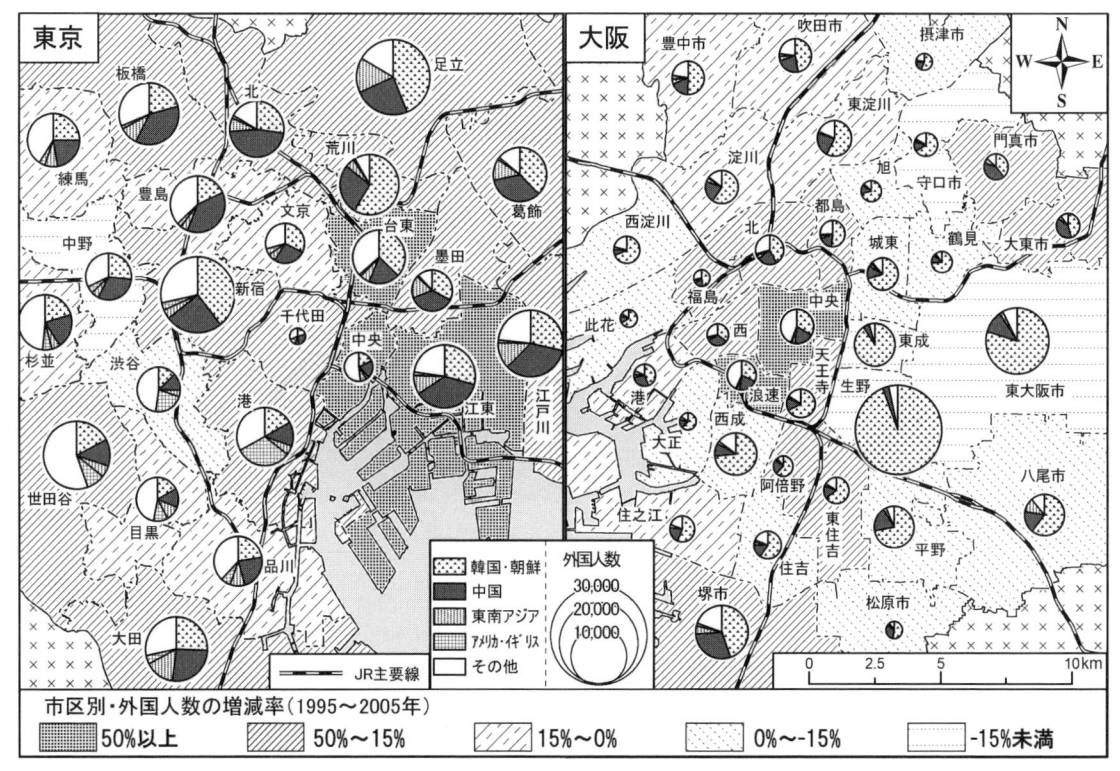

図 6-3　東京・大阪における外国人の集住地
出典：福本（2010）の図2を転載

（江・山下 2005；石川 2011）。

　関東から近畿にかけての都市には，外国人が多い。しかし，これらの都市内の集住地を示す地図を多数掲げることはできないので，ここでは東京と大阪の事例のみを示したい。図 6-3 は，国勢調査のデータを用い，東京と大阪における外国人の増減率と外国人数を，市区別に示した地図である（福本 2010）。東京ではほぼ全域で東アジア・東南アジア出身や欧米出身のニューカマーの流入が活発なのに対し，大阪では韓国・朝鮮国籍のオールドカマーの集住が目立つが，居住者が減少し集住は弱まっている。

　なお，市区町村内部における外国人の分布図を，町丁・字というさらに詳しい小地域単位で描くことも可能である。しかし，現段階においては，外国人の多い都市であっても，住民のほとんどが外国人居住者によって占められるような町丁はきわめて乏しく，日本人との混住が多い（清水・中川 2002；石川 2011）。

6.4　ホスト国での定住化

　一般的にいうと，エスニック・マイノリティとしての移民や外国人は，まず，単身で出稼ぎ労働者という形で先進国に流入する段階，次いで，社会的ネットワークが形成されたり家族が呼びよせられる段階，さらに，移動先の国で定住化し同化が進む段階，の3つの段階を経ると考えられる。ただし，在留外国人として3番目に多い人口を有し，「定住者」

写真 6-1　豊田市の外国人集住地にある看板
(2007 年 2 月 16 日　筆者撮影)

という在留資格を与えられ，日本国内での活動に制限がなく，それゆえ自由に就労できる日系ブラジル人には，これらの段階を経る人も見られる一方，日本とブラジルの間を行き来し，こうした考えがあてはまらない人も多い。

　さて，特定の先進国に移動した外国人は，未熟練労働力として，ホスト社会で「3K（きつい，汚い，危険）」と忌避される職種に就くことが多い。流入して間もない時期には，ホスト社会（移動先の国の社会のこと）のさまざまなルールに慣れていないために，エスニック・マジョリティとの間にトラブルが発生することも珍しくない。ゴミ出しのルールを守らない，タバコを投げ捨てる，ステレオやテレビの音量を大きくする，自動車・自転車の駐車違反をするなどの問題はしばしば指摘されている。写真 6-1 は，日系ブラジル人が多く住んでいる愛知県豊田市で，ゴミ出しルールの周知のために作られた看板であり，日本語とポルトガル語で書かれている。

　ホスト国における滞在期間が長くなり定住化するにつれ，外国人はマジョリティの考え方や行動に次第に近づいていく。彼らがホスト社会にとけ込んでいるかどうかの重要な基準は，職業という点でみた彼らの社会経済的地位あるいは社会階層が，マジョリティのそれと類似するように変化したかどうかという点である。移民や外国人の社会階層の上昇は，地理学的には居住地移動という点から検討可能である。

　外国人は，ホスト国に移動した直後は，マジョリティによる差別・偏見から身を守り集住から生じるメリットを期待して，同一民族人口の多い，都市内の一角（多くの場合，インナーシティ）を居住地に定める傾向がある。その後，ホスト国における社会経済的地位が向上し，社会階層が上昇すると，インナーシティを離れ郊外や他地域へ転出することになる。こうした社会階層の上昇は，外国人一世の生涯において見られることもあるし，一世は苦難の人生を歩み，二世以降の世代になって，つまり世代を重ねることによって実現することもある。

長崎市中心部の新地町にある中華街は，在留中国人の集住地として有名である。ここに住む中国人の1900年代以降の居住地の変化とその要因について，阿部（1997）は，就業地や社会経済的地位の変化に着目しつつ，世代間比較を行った。それによると，特に1960年代以降，二世の世代の独立や事業の拡大に伴って，中華街からの居住地の拡散が進み，集住が弱くなってきたことが報告されている。こうした社会階層の上昇は，中国人住民の学歴の高まりや日本人に近い職種への就業から確かめられている。

　インナーシティに位置する集住地からの転出を促すような社会経済的地位の向上がない場合には，インナーシティに滞留するか，その内部や周辺で短距離移動を行うことが多い。ホスト社会における外国人の同化の程度を居住地移動から推察するこのような見方には，一定の有効性がある。しかし，この見方には限界もある。たとえ社会経済的地位の上昇があったとしても，同胞人口が多いインナーシティへの滞留を積極的に選択する場合も少なくないからである。エスニック・ビジネスの開設は社会経済的地位が向上したことの有力な証拠であり，事業の経営者はビジネスの便宜を考え，インナーシティにある集住地にとどまることが多い（片岡2004）。

　日本の総人口は2008年にピークを迎え，2009年から減少期に入った。人口減少の主因が日本人の出生率の低下にあることはいうまでもない。出生率の回復をめざすいろいろな施策が試みられてきたが，顕著な効果は現れていない。これを考えると，日本における人口減少関連の諸問題をやわらげる可能性をもった存在として外国人が今後どのように日本に定住していくかは，21世紀の日本にとってきわめて重要な問題である。

（石川　義孝）

参考文献

阿部康久 1997. 長崎における在日中国人の就業状況の変化と居住地移動. 人文地理 49: 395-411.
石川義孝 2005. 外国人関係の2統計の比較. 人口学研究 37: 83-94.
石川義孝編 2011.『地図でみる日本の外国人』ナカニシヤ出版.
片岡博美 2004. 浜松市におけるエスニック・ビジネスの成立・展開と地域社会. 経済地理学年報 50: 1-25.
江　衛・山下清海 2005. 公共住宅団地における華人ニューカマーズの集住化－埼玉県川口芝園団地の事例－. 筑波大学人文地理学研究 29: 33-58.
清水昌人・中川聡史 2002. 国際化による外国人の増加と都市の変化. 小林浩二編『21世紀の地域問題－都市化・国際化・高齢化と地域社会の変化－』61-90. 二宮書店.
田嶋淳子 1998.『世界都市・東京のアジア系移住者』学文社.
ノックス, P.・ピンチ, S. 著, 川口太郎・神谷浩夫・高野誠二訳 2005.『新版 都市社会地理学』古今書院.
福本　拓 2010. 東京および大阪における在日外国人の空間的セグリゲーションの変化－「オールドカマー」と「ニューカマー」間の差異に着目して－. 地理学評論 83: 288-313.

7　家族・世帯

　　少子・高齢化へ急激な変化の様相をみせている日本の人口変化は，世帯構成の大きな変動と連動した現象としてみることができる。本章では，日本の世帯の多様化について，単独世帯とひとり親世帯の増加に焦点をあててみた。

　　日本では未婚率の上昇により単独世帯が増加し，高齢化により高齢者の単独世帯も増加しているため，標準世帯とされた夫婦と子どもからなる世帯は全世帯数の半数を下回っている。また，離婚数の増加は大幅な母子世帯の増加を引き起こしており，育児をしながら生活のために働かざるを得ない母親が急増している。しかし，母親が正規職に就くことができない場合，低賃金で不安定な収入となり，貧困の女性化を招いている。

7.1　世帯の多様化

　　日本の人口は大きく二度にわたる転換を経験した。第1の人口転換は，経済発展に伴って多産多死から多産少死を経て少産少死に至る人口増減の型が変化する過程であり，日本では1920年頃までに死亡率の低下が始まり，1960年代には合計出生率（Total Fertility Ratio：TFR）がほぼ置換水準に至り，1970年頃までに第1の人口転換はほぼ終了した。このような人口転換は，欧米と日本で時期的な差があり，欧米主要国では，第2章でも述べたとおり18世紀後半から20世紀初期にかけて人口転換を経験したといわれている。

　　第2の人口転換は，合計出生率が恒常的に置換水準を下回る状態となることを特徴としており，この観点からみた場合，日本では1970年代後半から第2の人口転換の状態を迎えていると解釈できる。第2の人口転換期における出生率の低下についてオグデン・ホール（Ogden and Hall 2004）は，晩婚と遅い時期の子育て，離婚率の上昇とひとり親世帯の増加などの1970年代以降の世帯構造の変化をあげ，ライフスタイルの変化と女性就業の増加による性別役割の変化をその原因としてあげた。

　　日本の人口は2009年から減少期に入り，それに伴う社会構造の変容や社会システムの変化など，人口減少に伴う影響が懸念されている。少子高齢化に伴う人口高齢化社会の課題として，石川（2007）は1950年代以降の出生率の低下に起因するコーホート規模の縮小が国内人口移動の空間的パターンの変化に影響を与えたことを指摘している。

　　少子高齢化社会における家族，ライフスタイルのありかたの変化は，今後，就業や住宅，福祉などの広範で大きな影響が予想される。高齢化・少子化社会がもたらす家族と住まいへの影響は，家族社会学や都市計画学などの分野でもさかんに研究されるようになっており，高齢者がかかわる地域社会への影響も大きい。

　　住宅に関しては，単独世帯の増加などの世帯の多様化によってマンション需要者の住宅ニーズが大きく変化し，コンパクト・マンションといわれる小規模世帯向けのマンション

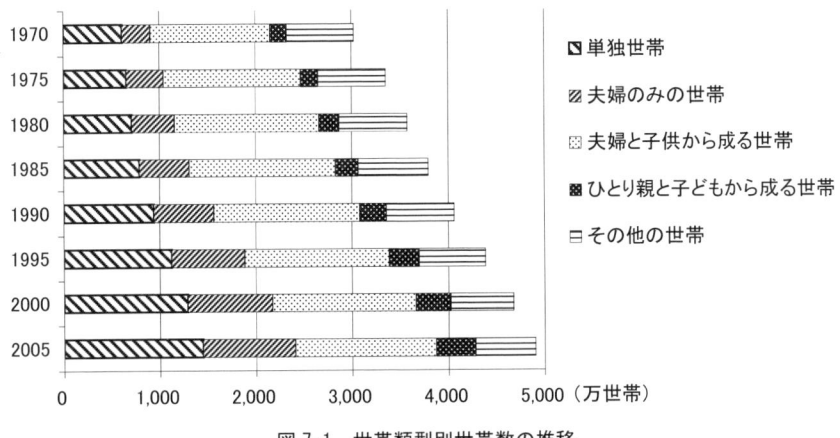

図 7-1 世帯類型別世帯数の推移
資料：国勢調査

が供給されるようになっている。特に，東京都心部においてはコンパクト・マンション購入者の約7割が単身女性であった（由井 2000）。また，都心回帰現象においても，未婚の単独世帯，DINKs（子どもがいない共働き世帯），高齢者世帯などの小規模世帯の居住地志向が大きく影響している。このように，増加する小規模世帯は都心部における安定したマンション需要層として注目されている。

わが国における世帯構成は，核家族化の進行により三世代同居世帯が急減し，1990年の国勢調査時までは夫婦と子どもからなる核家族世帯が増加した。ところが，図 7-1 に示すように，1995年の国勢調査では，世帯総数が増加したにもかかわらず夫婦と子どもからなる世帯が初めて減少し，単独世帯，夫婦のみの世帯，女親と子どもからなる世帯数が増加し，家族の構造的変化がみられた。夫婦と子どもからなる世帯は，1980年には世帯総数の42.1％であったが，2000年には31.9％，2005年には29.9％に減少した。つまり，これまで医療費や年金，税金などの政策面で利用されることの多かった，夫婦と子どもからなる「標準世帯」が過半数を割り込み，夫婦と子どもからなる世帯は「標準」ではなくなり，世帯構成は多様化しているのである。特に女親と子どもからなる母子世帯や単独高齢世帯は，世帯収入の実態からみて福祉サービスに依存せざるを得ないことも少なくなく，これらの世帯に対する政策の遅れが問題となっている（濱本 1997）。

7.2 単独世帯の増加

国勢調査によると，一般世帯の1世帯当たりの世帯人員は1980年の3.22人から2005年には2.55人に減少し，国立社会保障・人口問題研究所の推計では2025年には2.37人になると予想されている。多様化する世帯構成のなかで，特に単独世帯数は1980年には世帯総数の19.8％であったが，2000年には27.6％になり，夫婦と子どもからなる世帯に迫るほどの世帯数となり，2005年では単独世帯数は夫婦と子どもからなる世帯とほぼ同率の29.5％となった。世帯人員構成の変化をみると，世帯人員数の多い世帯が減少し，世帯人員数が2人以下の少人数世帯が増加している。

このような家族の世帯人員の減少は欧米の先進工業国においてもみられる。1人世帯の比率はドイツ33.4％，フランス27.1％，アメリカ合衆国24.6％，イギリス21.7％であった。それに対してアジア諸国の1人世帯率は低く，韓国9.0％，中国6.3％となっており，アジアの中で日本の1人世帯率が突出して高いことがわかる。

全世帯数に対する単独世帯数の割合の分布の変化をみると，1980年には単独世帯率が最も高かったのは，東京圏の中心地域や京都市，大阪市など若年層が多い大都市地域であった。それに次いで，紀伊山地・四国，九州南部などの西南日本外帯と山口県などの非大都市圏で単独世帯率が高く，二極化していた。1990年では東京圏や大阪圏内の中心部に単独世帯率の高い地域が拡大するとともに，北海道，紀伊半島，四国，南九州などの非大都市圏でも単独世帯率が高くなった。

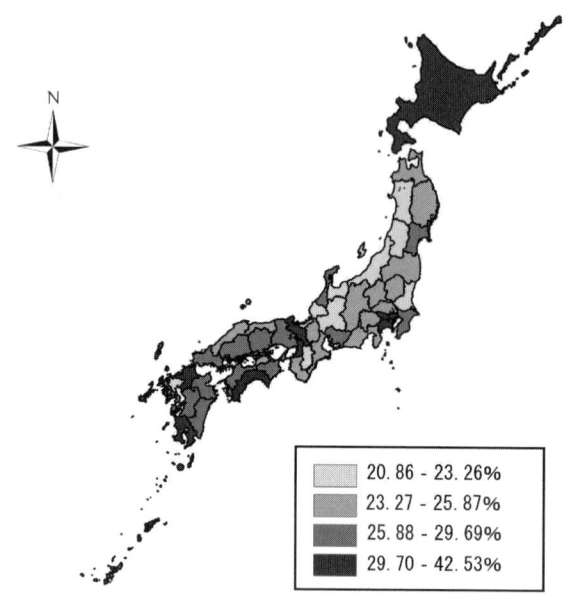

図7-2　都道府県別単独世帯率（2005年）
単独世帯率＝単独世帯数／一般世帯数×100
資料：国勢調査より作成

これが2005年になると，図7-2に示すように大都市圏中心部の単独世帯率はさらに高くなる一方で，北海道ならびに秋田・山形両県を除く東北地方の他に中央日本の山間部などで全国的に単独世帯率が高くなり，点的な分布ではなく面的に分布が広がった。この点に関して山田（2002）は，三世代同居世帯率の地域差は，東日本における「直系家族制」と西日本における「夫婦家族制」のローカリティの違いであるとした。単独世帯数の増加率でみると東北日本が西南日本より高いが，西南日本の中では福岡・大分両県の九州山地内と，岡山・鳥取両県の中国山地内で高い。

世帯の単独化は，大都市圏における晩婚化や非婚化に伴う若年や中壮年世代の単独世帯の増加と，過疎地域などの非大都市圏地および大都市圏中心部における高齢単独世帯の増加という，質的に異なる単独世帯化が並行して進行している。大都市圏での単独世帯の増加に関して，大阪圏における単独世帯の空間的パターン等について分析した石川（1999）によると，大都市圏中心部における単独世帯の高さはヨーロッパの主要都市においてもみられ，とりわけ世界都市での若年未婚者（ジェントリファイヤー）の存在が指摘される。また，宮澤・阿部（2005）は，東京圏の都心地域においても若い単独世帯が1990年代以降に増加し，都心部の人口増加に寄与したことを明らかにしている。

一方，成人した未婚の子どもが親から独立せず，親との同居を続けているパラサイト・シングルも増加している。パラサイト・シングルはアジア各国でも多く，日本だけの特徴

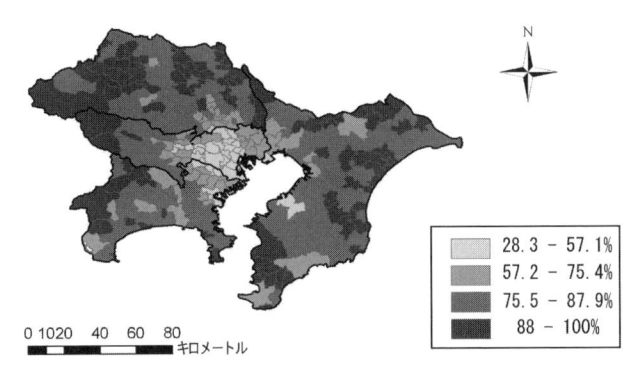

図 7-3 東京圏における 30 歳代前半女性のパラサイト・シングル率 (2005 年)
パラサイト・シングル率＝（2 人以上世帯の 30-34 歳女性未婚者数）／（30-34 歳女性未婚者総数）
資料：国勢調査より作成

とはいえないが，山田（1999）によると，親との同居によって親に依存した生活様式をみせる未婚者と定義づけられる。山田によるとパラサイト・シングルは東京圏では山の手地域や郊外住宅地などに多いとされたが，親と同居の 30 ～ 34 歳の女性未婚者率（2 人以上の同居者のいる 30 ～ 34 歳の未婚女性数／ 30 ～ 34 歳の未婚女性数）の分布をみると，図 7-3 に示すように東京特別区東側の下町にも多いことが確認された（若林ほか 2002）。

親の家業の手伝いをするブルーカラー層の存在は無視できないものであり，親と同居する未婚者は自身の親に依存した存在とは必ずしもいえない。彼らは，マスコミなどによって親から自立できない若者として話題となったが，将来は親世代の高齢化にともなって，同居している親の介護をしなければならなくなる。そうすると，親が未婚の子どもに生活を依存する逆パラサイトになると指摘されている。

7.3　ひとり親世帯の増加

人口学や家族社会学関連のこれまでの研究で明らかにされてきたように，世帯の多様化は，単独世帯の増加に関連する事象とともに，離婚率（＝年間離婚届出件数／ 10 月 1 日現在日本人人口× 1000）の上昇によるひとり親世帯（国勢調査の用語では片親世帯）の増加も大きく影響している。離婚率は図 7-4 に示すように，1960 年代までは減少する傾向にあったが，1970 年代以降は増加へ転じた。2007 年で国際比較してみると，日本の離婚率は 2.0 で，ロシアの 4.8，韓国の 2.6，イギリスの 2.4，ドイツ 2.3 よりやや低い。

わが国の女性の離婚率の経年変化をみると，大正期には高かったが，家族の近代化にともなって 1960 年代までいずれの年齢においても低下していった。落合（1997）によると，この時期における離婚率の低下は，夫婦と子どもからなる核家族が規範とされるとともに，家族観や結婚観の変化によって日本の伝統的な「家」から「家族」への転換が起こり，離婚が減少したことによる。

1970 年代以降，離婚率は高まり，2000 年から 2005 年にかけてのわずか 5 年間に，離別者（妻または夫と離別して独身の人）は男性 21.9％，女性 22.0％の増加をみた。特に 20 歳代後半から 30 歳代の離別者率（＝該当年齢階級の離別者数／該当年齢階級の人口総数

第 7 章　家族・世帯

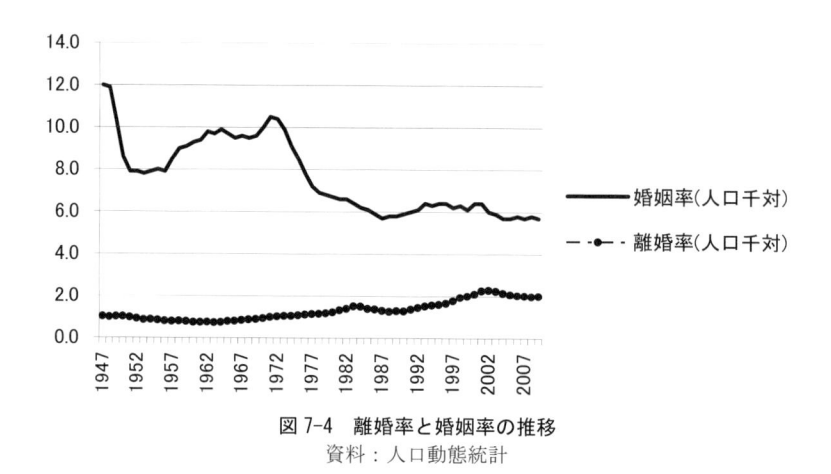

図7-4 離婚率と婚姻率の推移
資料：人口動態統計

×100）は急激に高くなっている。20歳代後半の離別者率が1975年の1.1％から2000年に1.8％に微増したのに対して，40歳代前半の離別者率は，1975年の3.1％から2000年には5.6％になり，40歳代後半の離別者率は最も低かった1980年の3.6％から2000年には6.4％に増加した。

しかしながら，離別者率が上昇したにもかかわらず，父子世帯はそれほど増加しておらず，離婚によって子どもの養育は母親に負わされることが多い。そのため，離別の増加は母子世帯の増加につながっている。離別した大部分の母親は，子どもを連れて家を出て家計を支えないといけなくなるため，新居と職を探さなければならない状況におかれる。離別した父親がそれまでの家に残り，就業を継続することが多いのに対して，離婚は母子世帯に住居問題と雇用問題を負わせている。

経済力の弱い母親は，高い家賃を避けながら育児・家事と就業の両立ができる立地の住居を探さなければならず，厳しい局面に立たされる。特に，乳幼児を抱えた母親は育児のために就業が困難であり，生活保護や親族の経済的支援に依存せざるを得ない状況にある。そのため，母子世帯の居住地は，家賃が安く，母親の就業を支援する保育所などの保育サービスを利用しやすい地域に偏るのである。

離婚率と母子世帯率の分布を都道府県別にみると，離婚率は青森県や北海道，九州などの非大都市圏とともに大都市圏でも高いが，母子世帯率は東北・北海道地方と四国・九州などの西南日本では母子世帯率が高く，全国スケールでみると非大都市圏の方が高い（図7-5，7-6）。多くの離別者は，子どもがいる場合，女性が子どもの養育をする傾向にある。そのため，離別者率と母子世帯率の分布を比較してみると，大都市圏，北海道地方，四国，九州地方で母子世帯率が高い。東北地方では離別者率が高いものの母子世帯率が低いが，これは離別女性が自分の親と同居することが多いためと思われる。

2005年の東京特別区部におけるひとり親世帯率の分布をみると，東部地域や北部から西部にかけての公営住宅が多い地域や「木賃ベルト」と呼ばれる木造で賃料の安い借家住宅が集まっている地域でひとり親世帯率が高い。ひとり親世帯の約90％が母子世帯であるが，このような大都市内における母子世帯の居住地の偏りの強さはオーストラリアでの

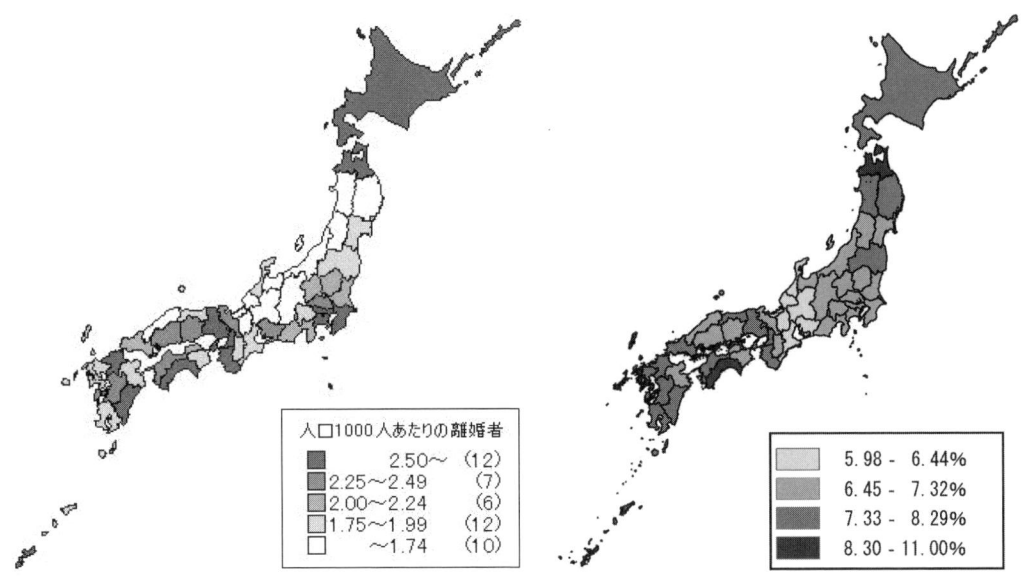

図 7-5　都道府県別離婚率（2007 年）
資料：人口動態統計より作成

図 7-6　都道府県別母子世帯率（2005 年）
母子世帯率＝母子世帯数／一般世帯総数× 100
資料：国勢調査より作成

研究事例と同様であることが明らかとなった。

　年齢別に離別者率の分布をみると，東北地方全域と九州地方では 20 歳代の離別者率が高く，30 歳代でも同様の傾向にある。大都市圏では未婚者率が圧倒的に高いために，実数として離別者が多くても比率の分布に反映されにくい。東北地方は，大学進学率も他の地方に比べて低く，早婚傾向が強いといえる。離婚率は婚姻期間が 5 年以内のカップルに多いが，若くして結婚したカップルの離婚率はかなり高いといえよう。西日本でも山口県，高知県，九州地方全体に若年離別者率の高い地域がみられ，中部地方では低いが，この傾向は 30 歳代の離別者率の分布においても同様である。

　また，母子世帯の増加は離別だけが原因ではない。近年，非嫡出子（法律上の婚姻関係がない男女の間に生まれた子ども）の出生も増加している（表 7-1）。戦前においては家族制度維持のために養子制度があったり，跡継ぎの男子を出産する目的で，正妻ではない内妻との間に産まれた子どもも多かったために，非嫡出子が少なからずいた。第二次大戦後の 1950 年代には占領軍の外国人と日本人女性との間に産まれた非嫡出子が急増したが，その後は一貫して非嫡出子は減少していた。しかし 1980 年代以降，未婚の母親の増加によって非嫡出子が増加している。

　フランスなどでは同居しながらも婚姻届を

表 7-1　嫡出でない子の出生数および割合（1925 ～ 2000 年）

年次	嫡出でない子	割合（%）
1925	1,907	0.09
1930	1,135	0.05
1940	420	0.02
1950	57,789	2.47
1960	19,612	1.22
1970	17,982	0.93
1980	12,548	0.80
1990	13,039	1.07
2000	19,436	1.63

注：割合は全出生数に対するもの．
資料：人口動態統計

第 7 章　家族・世帯

出さない「事実婚」が多いために，法律上は母子世帯となって福祉対象となる世帯が多い。また,『世界の統計』によると，2003年の非嫡出子の割合では，アイスランド64％，スウェーデン56％，ノルウェー50％のようにヨーロッパに高い比率の国々がある。

しかし，日本における未婚の母親の増加は，事実婚の増加とともに，複雑な理由によって婚姻できない（あるいは結婚しない）場合も多い。このような婚姻状態の変化は，家族規範の変化などのほかにも，家族を取り巻くさまざまな社会的・経済的要素が複合的に影響したものと考えられる。落合（2000）は，家族史研究から「家族システムの多様性」に着目し，女性の主婦化，少子化，人口学的移行期における核家族化の3つの特徴を「家族の戦後体制」としてとらえることを提案した。今日の世帯の多様化はこれらの特徴が複層的に影響したものと思われる。

世界の諸地域における核家族化の地域差は，地域や民族が持つ文化的固有性から検討されるが，人口転換に影響する出生率の低下や離婚率の上昇，専業主婦率と女性就業率，核家族と三世代同居の諸事象の地域差もまた，日本国内における地域固有の文化や社会経済的状況の反映でもある。今日の世帯の多様化は，このようなローカリティの反映であるとみることもできる。

（由井　義通）

参考文献

石川義孝 1999. 京浜・京阪神の二大都市圏における単独世帯. 成田孝三編『大都市圏研究（上）－多様なアプローチ－』204-223. 大明堂.

石川義孝編 2007.『人口減少と地域－地理学的アプローチ－』京都大学学術出版会.

落合恵美子 1997.『21世紀家族へ－家族の戦後体制の見かた・超えかた－（新版）』有斐閣.

落合恵美子 2000.『近代家族の曲がり角』角川書店.

濱本知寿香 1997. 母子世帯の家計. 季刊家計経済研究 35: 50-58.

宮澤　仁・阿部　隆 2005. 1990年代後半の東京都心部における人口回復と住民構成の変化－国勢調査小地域集計結果の分析から－. 地理学評論 78: 893-912.

山田英代 2002. 国勢調査にみる高齢者世帯の推移と地域差. 広原盛明・岩崎信彦・高田光雄編『少子高齢時代の都市住宅学－家族と住まいの新しい関係－』36-54. ミネルヴァ書房.

山田昌弘 1999.『パラサイト・シングルの時代』ちくま新書.

由井義通 2000. 都心居住－シングル女性向けマンションの供給－. 広島大学教育学部紀要第二部 48: 37-46.

若林芳樹・神谷浩夫・木下禮子・由井義通・矢野桂司 2002.『シングル女性の都市空間』大明堂.

Ogden, P. E. and Hall, R. 2004. The second demographic transition, new household forms and the urban population of France during the 1990s. *Transactions, Institute of British Geographers*. N.S.29: 88-105.

8 性比と結婚

　本章では，なぜ男女の人口比である性比に注目するのか，それが地域の人口を考えるときにどういうヒントをわれわれにもたらすのかということを最初に説明する。続いて，結婚について述べる。いま，全国的に進行している晩婚化，非婚化，未婚化を理解し，その要因やそこからもたらされる結果を検討するために，地理学からどのようなアプローチがあるのかについて考えて欲しい。

8.1　性比とは何か

　性比とは男女の人口比のことをいう。一般には，女性100に対する男性の数で表現する。性比が110というのは，女性人口100人に対して男性が110人いる状態を指す。性比が100を超えるとその人口集団では男性の数が女性を上回り，100未満であれば，女性の数が男性を上回る。現在の日本の性比は95（2005年）である。

　生まれたばかりの人口の性比は出生性比と呼ばれる。自然の状態の出生性比は約104～107（人口学研究会 2010）である。近年は医学の進歩によって，出生前に新生児の男女の別を知ることが可能である。男児を選好する社会では，生まれてくる子供が女児であると判明すると人口妊娠中絶をおこない，結果としてコントロールしないときの出生性比を大きく上回ることもある。2000年の中国の出生性比は119.92（若林 2005）であり，男児の出生は女児よりも2割近く多い。女児が産まれても届け出をしないこともあり（こうした子たちは「黒孩子」と呼ばれる），それも高い出生性比に影響している。一人っ子政策のもと，ただ一人の子どもは男児が望ましいと考える親が多いことが，こうした出生性比の不均衡をもたらしている。出生性比の不均衡は，その子どもたちが成長すると結婚適齢男女の人口の大きな差となり，結婚難や海外に花嫁を求める国際結婚の増加などが生じることもある。

　日本の場合，生まれてくる子どもの性比は105～106と自然の状態に近い。しかし，全国人口の性比は上述のように95である。これはどうしてであろうか。第2章でみたように，死亡率は男女によって異なり，平均寿命は女性のほうが長い。図8-1のように，全国の0～4歳の性比は105である。しかし，男性の死亡率が女性よりも若干高いことなどにより50歳前後で性比は100前後となる。それ以上の年齢においては死亡率の男女差が大きくなり，性比はさらに低下する。

8.2　性比の地域差

　人口地理学で地域人口の性比に注目するのは，年齢別性比から対象地域の男女別の人口移動の傾向を考えるためである。人口移動は選択的なプロセスである。たとえば，特定の

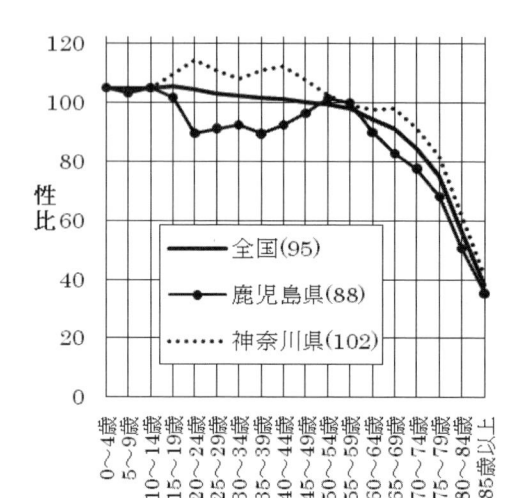

図 8-1　全国、神奈川県、鹿児島県の年齢別性比（2005年）
注：凡例内の数字はそれぞれの地域の全年齢の性比の値
資料：国勢調査

性別・年齢の人はそうでない人よりも移動しやすい、あるいは移動しにくいという特徴がある。人口移動に関する統計データは、時代や国によっては容易に得られないこともある。しかし、容易に入手できる地域人口の性比データをみると、その地域の男女の移動傾向を推計できる。

多くの社会で男女による人口移動傾向の違いがあるが、性比をもとにそれを明らかにすることで、それぞれの社会における男女の社会的役割やその変化を知ることができる。早瀬（2002）は途上国の都市人口の性比の分析を通じて、アフリカでは一部の国を除き、都市には男性の移動者が多く、ラテンアメリカでは女性の移動者が都市に多いこと、またアジアでは、西アジア、南アジア、中国では男性が、東南アジアでは女性が男性よりも多く都市へ移動することを明らかにしている。

図8-1に示されるような年齢別性比は死亡率の男女差だけでなく、人口移動によっても影響を受ける。地域の範囲が狭くなるほど、死亡率の男女差よりも人口移動の男女差の年齢別性比への影響が強くなる。全国人口の年齢別性比は死亡率の男女差でほぼ説明できるが、都道府県、さらに市町村と地域の範囲が狭くなるほど、年齢別性比は人口移動の影響を強く受けるようになる。

神奈川県と鹿児島県の年齢別性比を比べてみよう（図8-1）。0～14歳では両県の性比は出生時とほとんど変わらない。この年齢の人口移動には、神奈川県も鹿児島県も男女差がないことがわかる。しかし、20歳以上では神奈川県の性比は高く、鹿児島県の性比は低い。

20～24歳の都道府県別の性比には、20歳前後での各県の人口移動の男女差が影響している。人口移動の結果、神奈川県では男性人口が女性人口よりもかなり多くなり、鹿児島県では性比は約90なので、人口移動の結果、女性が相対的に多くなっている。この年齢の人口移動は神奈川県では転入超過であり、鹿児島県では転出超過である。神奈川県の場合、男性が多く働く重化学工業の事業所が多いこと、大学が多く立地することによって、男性の転入が女性を上回るのである。大学生は、県外からの進学者については男子学生の方が女子学生よりも多いことが一般的である。一方、鹿児島県では、就職や進学のために県外に出るのは女性よりも男性が多い。これは県外での進学や就職の機会に関して男性のほうがより恵まれているためというよりも、男性のほうが女性よりも一般的に移動距離が長いためと考えられる。

図8-2は都道府県別の20～24歳の性比を示している。左は1990年、右は2005年である。

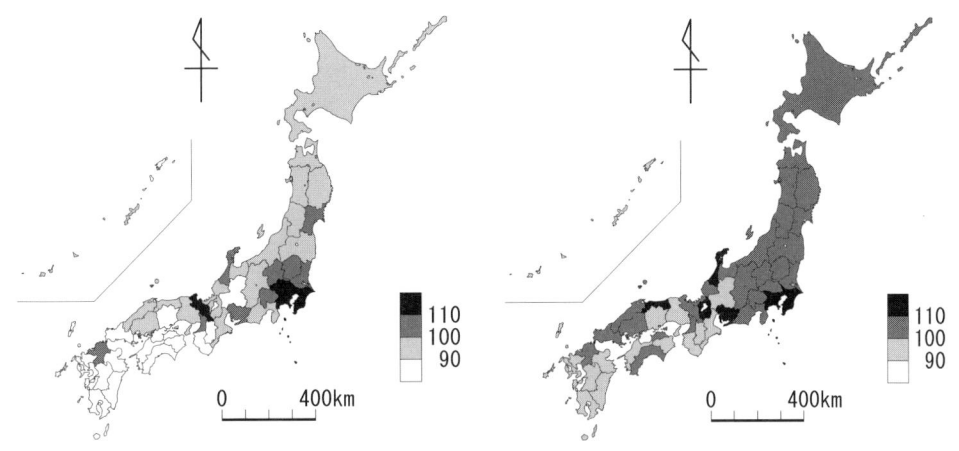

図 8-2 20 〜 24 歳人口の都道府県別性比（左：1990 年，右：2005 年）
資料：国勢調査

1990 年は性比が 100 未満の県が北海道から九州まで多く分布していた。特に九州・四国には 90 を下回るきわめて性比の低い県がみられた。一方，性比が 110 を超える相対的に男性の転入が多い県は埼玉県，千葉県，東京都，神奈川県，京都府であった。これらの県は大学が立地していたり，重化学工業や金融・保険業のように男性を雇用する事業所が多く立地していたりする。

同じ大都市圏でも，東京圏と比べると，京都府を除く大阪圏の性比はあまり高くない。大阪圏の府県は西日本の諸県から若者を引きつけると同時に，大阪圏出身の多くの若者を東京圏に送り出している。大阪圏へ来る若者の性比に比べて，大阪圏から東京圏へ向かう若者の性比が高いので，結果として大阪府や兵庫県の性比はあまり高くない。これは階層の高い都市地域（大阪圏）からさらに高い階層の都市地域（東京圏）への移動がきわめて選択的になり，移動者に占める男性の割合が高いためであると考えられる。

2005 年の地図をみると，1990 年に 15 県あった性比 90 未満の県がゼロになっている。1990 年に特に低い性比を示していた西南日本等の県の性比が，2005 年には 90 〜 100 の値となった。

2005 年には大多数の県で性比が 100 を上回っている。1990 年から 2005 年の間に人口移動の男女差が縮小したのである。その結果，出生性比と大差ない性比 100 〜 110 の県の数が激増した。これは，20 歳前後の年齢における，男性の大都市圏に向かう人口移動が減少したことと，女性の大都市圏への人口移動が増加したことの 2 つの要因が考えられる。両者のうち，非大都市圏の県からの男性の県外転出率の低下が，非大都市圏の若者人口の性比上昇により大きな寄与をしているが，いくつかの県では女性の県外転出率の上昇も確認できる。

また，東京都と京都府は女性の転入率が大きく上昇している。バブル経済崩壊後の不況のなか，男性は進学・就職に際して従来よりも出身県に留まる傾向が顕著にみられるのに対し，女性は不況により出身県に留まる傾向は男性ほど顕著ではなく，むしろ，男女雇用機会均等法の施行以降，4 年制大学への進学率が上昇し，女性の県外への転出が増加して

いる県もある。

性比から日本の人口移動の男女差を検討すると，1990年頃までは，中国やインドと同様，日本でも男性のほうが女性よりも大都市圏に向かう傾向が明らかに強かったが，近年は人口移動の男女差は縮小しつつあることがわかった。

8.3 結　婚

　結婚とは「社会的に認められた男女の性的結合であると同時に，生まれてくる子どもに社会的地位を付与する社会制度」である（人口学研究会 2010）。法律によって承認された結婚は法律婚と呼ばれ，日本で結婚というと，普通は法律婚を指す。婚姻届の件数や結婚生活に入ったときの夫と妻の年齢などは厚生労働省から人口動態統計として公表されている。また，総務省統計局がおこなう国勢調査では，法律による承認を伴わない事実婚（内縁関係，同棲など）も含む「有配偶（配偶者のいる人）」，「未婚（配偶者がこれまで一度もいない人）」，「死別」，「離別」の概念が用いられている。

　1970年代前半以降，日本では夫と妻両方の平均初婚年齢の上昇が続いている。人口動態統計によると，1972年の平均初婚年齢は夫26.7歳，妻24.2歳であったが，1995年にはそれぞれが28.5歳，26.3歳となり，2009年は夫30.4歳，妻28.6歳である。最近になるほど上昇が加速している。過去37年に夫の平均初婚年齢は3.7年上昇し，妻は上昇幅がさらに大きく4.4年の上昇である。このような平均初婚年齢の上昇を晩婚化という。

　一方，生涯結婚しない人も増加している。これを示す指標は生涯未婚率という。生涯未婚率は日本では国勢調査の年齢別配偶関係別人口のデータを用いて計算し，45～49歳の未婚率と50～54歳の未婚率の平均値を50歳時未婚率，すなわち生涯未婚率とみなしている。日本の生涯未婚率は1970年には男性1.70％，女性3.34％であったが，1990年に男性5.57％，女性4.33％，2005年には男性15.96％，女性7.25％とこちらも近年になるほど上昇が著しい。生涯未婚率の上昇を非婚化という。晩婚化と非婚化の結果，日本では人口に占める未婚者の割合が上昇している。これを未婚化と呼ぶ。

　日本の少子化を考える上で，未婚化は特に重要である。なぜなら，日本では法的婚姻関係を持たない女性から生まれた子ども，すなわち婚外子の割合が約2％と欧米諸国に比べてきわめて低く，ほとんどの子どもは結婚した女性から生まれている。つまり，日本の少子化は女性が結婚をするかどうか，結婚をした女性が子どもを生むかどうかの2つの段階に分けて考えることができる。国立社会保障・人口問題研究所の試算（国立社会保障・人口問題研究所 2010）によると，1970年から2005年の日本の合計出生率の変化は，そのほとんどが20歳代後半を中心とした女性の未婚率の上昇で説明できる。これまで安定していた既婚女性の生む子ども数が減少を始めたということも近年は指摘されている（河野 2007）。しかし，過去30～40年の日本の少子化の大部分は未婚化で説明できるのである。

　未婚化は女性の進学率の上昇や女性の社会進出と関連が深いと考えられている。図8-3は全国の2000年における最終卒業学校の種類別の女性の未婚率を示している。参考のために，未婚率の高い東京都，未婚率の低い福井県の値も掲載した。この図をみると，20

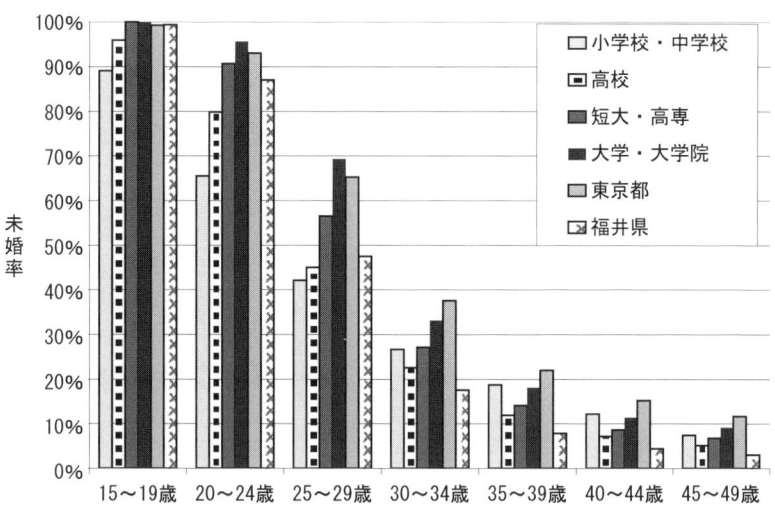

図8-3 最終卒業学校の種類別未婚率および，東京都・福井県の未婚率（2000年）
資料：国勢調査

歳代の未婚率は最終卒業学校の種類によって強い影響を受けていることがわかる。在学期間が長くなるにつれて結婚が遅れる，卒業した学校の種類によって卒業後の就業状態が異なり，それが婚姻に影響していることなどが考えられる。一方，30歳を過ぎると最終卒業学校の種類による未婚率の差は小さくなり，東京都と福井県の差，つまり生活している地域の違いのほうが未婚率の高低に強く影響していることがわかる。

　結婚について，あるいは未婚化についての地理学的な研究は，じつはあまり多くない。研究のアプローチは大きく2つに分けられる。一つは結婚自体を地理学的に考える研究である。このアプローチからは，結婚する男女の居住地の空間的関係をみる通婚圏の研究（合田 1976），未婚男女の人口分布の差異，性比の分析から結婚難を明らかにする研究（石川 2007）などが挙げられる。通婚圏は地理学から結婚を考える場合に，最も重要な概念である。配偶者の探索は通常は空間的な限界がある。その空間的限界内における望ましい配偶者候補の数が十分でない場合，たとえば国際結婚という，通常の距離を超えた配偶者探索が発生する。経済学的な用語を用いると，このような配偶者探索は結婚市場でおこなわれるといえる。労働市場における労働者と企業と同様，結婚市場においても配偶者を求める男女には移動コスト，情報探索コストがかかるので，一定の「通婚圏」が想定できるわけである。

　一方，結婚行動の結果としての人口分布を地理学的に検討するアプローチもある。このアプローチでは，世帯類型別の人口や世帯の分布の分析から，近年の未婚化や世帯の多様化を考察した由井の研究（由井 2007）がある。上述のような結婚市場には参入しない未婚者と，参入しているけれど適当な相手が見つからない未婚者では空間分布が異なるかもしれない。未婚化の進展は由井（2007）も指摘しているように世帯構成，特に大都市圏の世帯構成に変化をもたらす。山田（1999）がいうように，日本では親元に同居する30歳以上の未婚男女が多いので，未婚人口の増加イコール単身人口の増加とはならない。

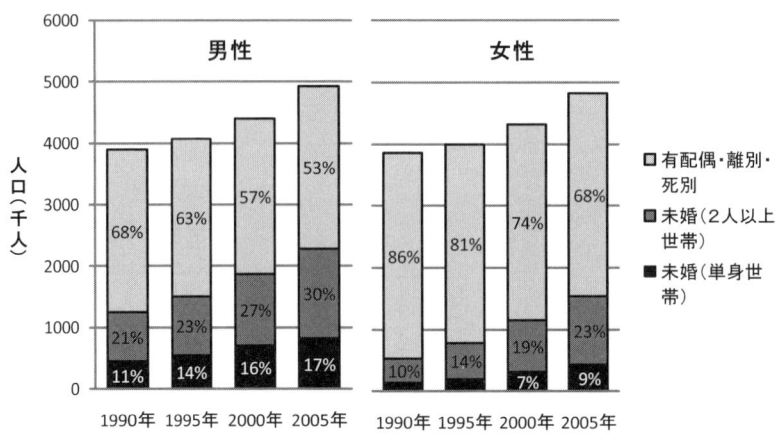

図8-4 30～34歳男女人口の配偶関係と世帯人員（全国，1990～2005年）
資料：国勢調査

　図8.4は1990年から2005年の全国の30～34歳人口を配偶関係別，世帯規模（単身世帯か否か）別にみたものである。この年齢の男性390万人のうち，1990年には11%が未婚の一人暮らし，21%は未婚で2人以上の世帯に居住していた。2人以上の世帯に居住する未婚者にもいろいろな可能性があるが，未婚者が世帯主という例はわずかであり，多くは親元に同居している未婚者だと思われる。2005年には30～34歳に占める未婚の一人暮らし，未婚の2人以上世帯居住者はそれぞれ17%，30%となっている。また，結婚経験有りの割合は53%に低下した。女性も男性と同じような変化が見られるが，未婚者に占める2人以上世帯居住者の割合が男性よりもさらに高い。

　このように過去15年に30～34歳男女における未婚化が進んでいる。確かに未婚者の単身世帯も大きく増加しているが，未婚者の過半数は親元に同居しているであろうことが確認できた。これが，山田（1999）が指摘するパラサイト・シングルの増加である。

8.4　未婚率の上昇とその地域差

　未婚率に最終卒業学校の種類が関連していることはすでに確認した。この節では未婚率の上昇の地域差について検討する。図8-5は人口動態統計で妻の平均初婚年齢をみたものである。前項の冒頭で述べたように，平均初婚年齢の上昇は晩婚化の指標である。一番左に全国の平均初婚年齢があるが，これをみると，1975年以降，妻の平均初婚年齢はコンスタントに上昇したことが確認できる。

　都道府県別にみると，東京都の平均初婚年齢の高さが期間を通じて突出している。一般的には都市化の進んだ県のほうが高い値を示すが，長野県，高知県の平均初婚年齢は高く，愛知県はあまり高くない。1990年頃までは北陸3県（富山県，石川県，福井県）で平均初婚年齢が特に低かったが，近年は福島県の値が特に低い。都道府県の平均初婚年齢の標準偏差をみると，1995年までは地域差は縮小傾向にあったが，その後はやや拡大している。近年は，東京都をはじめとする東京圏がその他の地域よりも一段と高い平均初婚年齢を示すようになっている。

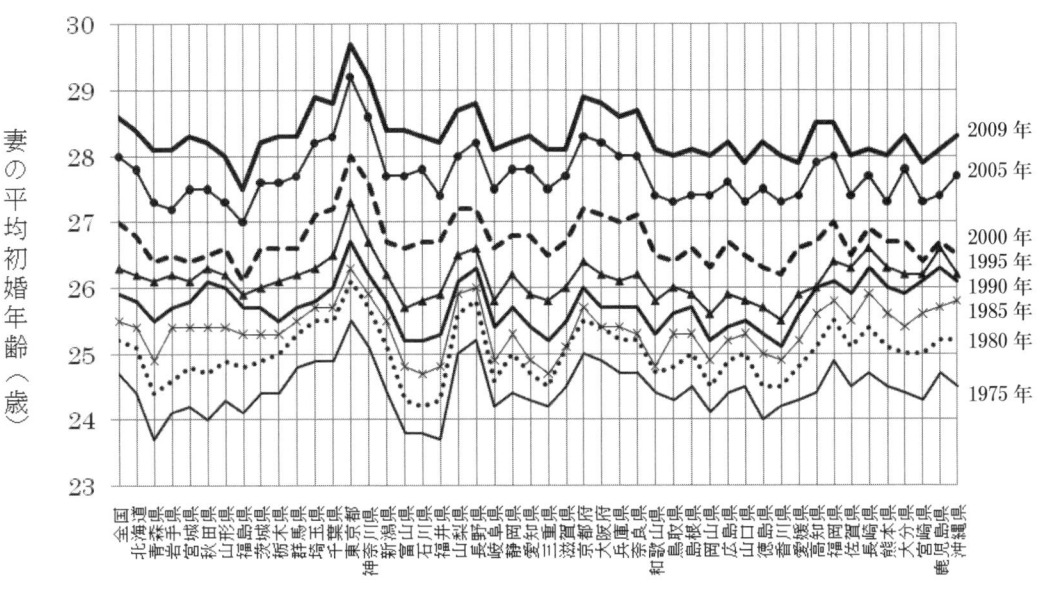

図 8-5 都道府県別にみた妻の平均初婚年齢の推移（1975 ～ 2009 年）
資料：人口動態統計

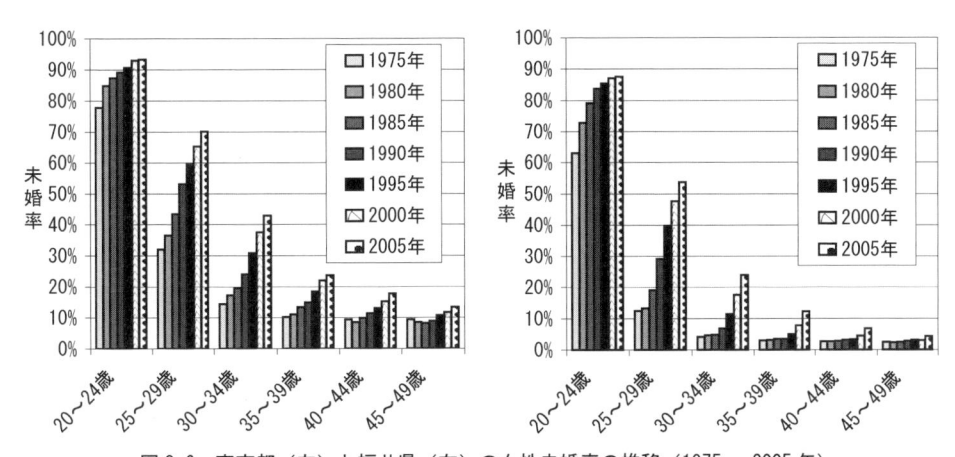

図 8-6 東京都（左）と福井県（右）の女性未婚率の推移（1975 ～ 2005 年）
資料：国勢調査

最後に，東京都と福井県の年齢別女性未婚率とその変化を比べてみよう（図 8-6）。いずれの年齢階級についても，東京都は福井県よりも高い未婚率を示している。図 8-5 でみたように福井県の妻の平均初婚年齢は 1990 年頃までは全国で最も低い水準にあったが，その後は上昇し，現在は全国平均に迫る値となっている。

図 8-6 をみると，1990 年以降，25 ～ 29 歳と 30 ～ 34 歳の年齢階級で未婚率が急速に上昇したことがわかる。福井県の 40 歳以上の未婚率は依然として全国最低レベルである。過去の平均初婚年齢の低さがこの年齢の低い未婚率に影響している。生涯未婚率に近い 45 ～ 49 歳女性の福井県の未婚率は 2005 年でも 4% であり，13% を超えている東京都とは大きな隔たりがある。一方，東京都の図をみると，30 歳以上での未婚率の高さ，近年の

未婚率上昇の激しさが際だっている。

　ここでみてきたように晩婚化，非婚化と未婚化を都道府県別に検討すると，東京都あるいは東京圏が他の地域よりも突出して未婚化等が進展しているものの，近年は都道府県間の差異は縮小する傾向にあることがわかる。未婚化現象は東京都などの大都市圏で先行したが，その後，他の地域にも拡散したと考えられる。

　東京都と福井県の未婚化の進展を参考にすると，女性の未婚化の場合，まず若い年齢階級（20～24歳など）の未婚化が進み，のちに20歳代後半，30歳代前半と順を追って，年長の年齢階級の未婚化へと各地域で進行する。そして，こうした過程は都市化の進んだ地域で先行して生じる。その結果，1970年代後半以降，全国的に未婚化が進展する中で，都道府県間の未婚化の地域差は縮小した。1990年代後半以降は，全国が高い水準の未婚化に達する中で，東京都をはじめとする東京圏のみで女性の未婚化が一段と進み，その他の地域では未婚化の地域差は平準化の方向にある。

（中川　聡史）

参考文献

石川義孝 2007．現代日本における性比不均衡と国際結婚．紀平英作編『グローバル化時代の人文学－対話と寛容の知を求めて－（下）共生への問い』127-145．京都大学学術出版会．

合田栄作 1976．『通婚圏』大明堂．

河野稠果 2007．『人口学への招待－少子高齢化はどこまで解明されたか－』中公新書．

国立社会保障・人口問題研究所 2010．『人口統計資料集　2010』

人口学研究会編 2010．『現代人口辞典』原書房．

早瀬保子 2002．途上国の女性移動者の移動フローと移動率．早瀬保子編『途上国の人口移動とジェンダー』13-32．明石書店．

山田昌弘 1999．『パラサイト・シングルの時代』ちくま新書．

由井義通 2007．世帯の多様化の地域的差異．石川義孝編『人口減少と地域』17-41．京都大学学術出版会．

若林敬子 2005．『中国の人口問題と社会的現実』ミネルヴァ書房．

9 高齢人口の分布と移動

　本章では高齢人口に焦点を当てるが，どのような人が「高齢」であるのかという問いに答えることは，じつは非常に難しい（嵯峨座 1997: 3-7）。本章では年齢の3区分における老年人口（すなわち65歳以上人口）を高齢人口として，日本の高齢化の動向や高齢人口の分布および移動について考察する。

9.1　老年人口の増加

　日本における老年人口の変化を見てみよう。図9-1は，老年人口および人口に占める老年人口の割合の変化を示している。1920年における老年人口は294万人で，人口全体に占める割合は5.3%であった。その後老年人口は少しずつ増加するが，その割合は5.1%（1925年），4.8%（1930年），4.7%（1935年）と低下し人口の若年化が進行した。これは，第二次世界大戦前の比較的高い出生率と乳児死亡率の低下によって，非老年人口が増加したためである（嵯峨座 1997）。

　日本において老年人口が増加したのは20世紀の後半以降である。1950年に415万人だった老年人口は国勢調査のたびに15～20%ずつ増加し，1970年に1000万人を超え，2005年には2567万人に達した。老年人口は55年間で6.2倍に増加したが，同じ期間に人口全体の増加率は1.5倍であった。これは第1次ベビーブーム（1947～49年）の後に出生数が大幅に減少したために，人口全体の増加が弱まったためである。そのため，人口全体に占める老年人口の割合が増加し，人口の高齢化が進んだ。

　老年人口割合は，1950年は4.9%で第二次世界大戦前とほぼ同じ水準であったが，1970年には「高齢化社会」の指標である7%に達した。その後も増加を続け，2005年には

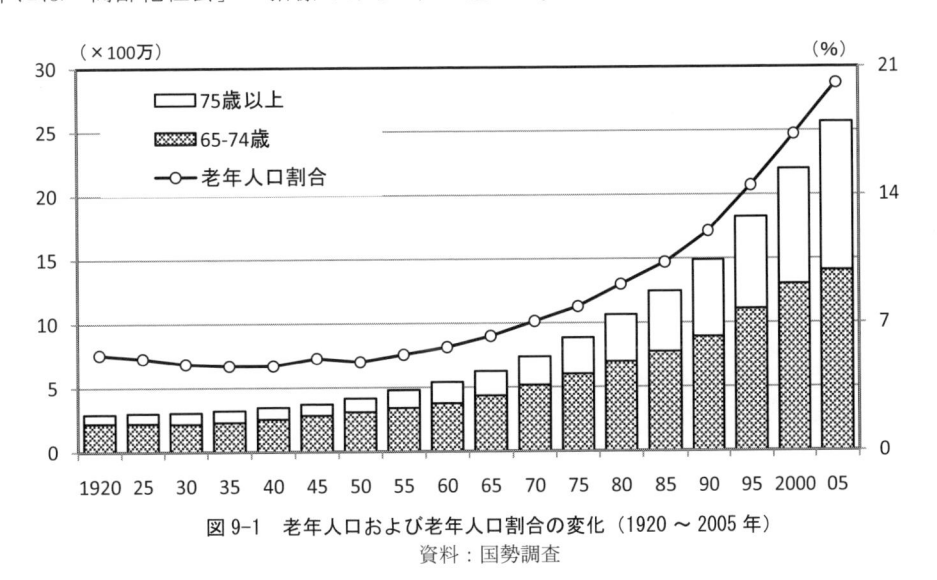

図9-1　老年人口および老年人口割合の変化（1920～2005年）
資料：国勢調査

20.1%に達している。日本の老年人口は，20世紀の後半に絶対数の上でも割合の上でも急激に増加したのである。

さらに2012年には，第1次ベビーブーム出生者が65歳に到達するため，老年人口はさらに増加し，高齢化が一層深刻になる。国立社会保障人口問題研究所は，2050年の老年人口割合を39.6%と推計している（中位推計）。

20世紀後半における老年人口の増加の要因として，医療技術の改善や福祉制度の充実などによって死亡率が改善され，より長く生存することが可能になったことがある。65歳時点の平均余命は1950年に男性11.4年，女性13.4年であったものが，2005年にはそれぞれ18.1年，23.2年まで伸長している。それに伴い75歳以上人口（後期高齢者）も増加しており，現在，老年人口に占める後期高齢者は約半数を占める（45.2%，2005年）。このことは，人々が長生きできる社会の形成という意味で喜ばしいことであるが，その一方で，要介護期間の長期化や，それに伴う社会福祉制度の構築やコストの負担など，より深刻な課題も顕在化しつつある。

日本の高齢化を世界の諸国と比較してみよう。老年人口割合の上位10ヶ国を表9-1に示した。1950年に最も老年人口割合が高いのはフランス（11.4%）であった。それに次いでラトビアやベルギー，イギリスなど，世界の中でも高齢化の先行したヨーロッパの国々が上位を占めた。その傾向は2010年も変わらず，上位10ヶ国にはヨーロッパの国々が含まれ，ドイツやイタリアの老年人口割合は20%を上回る。しかし日本の老年人口割合（22.6%）はヨーロッパの国々よりも高く，現在，世界で最も高齢化の進んだ国である。

日本は，1950年時点では老年人口割合が4.9%で世界57位であったが，その後急速に高齢化が進み2010年には1位となった。この急激な高齢化も日本の重要な特徴である。高齢化のスピードを比較する指標のひとつである倍加年数（老年人口割合が7%から14%に達する年数）を表9-2に示した。

表によると，老年人口割合が世界で最も早く7%に到達したのはフランスであったが，14%に達するまでに115年を要しており，19世紀の末に7%に到達したノルウェーやスウェーデンは80年以上かけて14%に到達している。また，現在日本とほぼ同じ水準まで高齢化の進んでいるドイツの倍加年数は40年，イタリアは61年である。7%に到達する年次が遅くなると倍加年数は次第に短くなる傾向もあるが，既に14%に到達した国の多くは40年以上を必要としている。それに対して日本の倍加年数は24年ときわめて短い。日本は他の国と比較してもきわめて早いスピードで高齢化が進行したことがわかる。

日本と対照的に高齢化の進行が遅いのがアメリカ合衆国である。アメリカの場合，老年人口割合が7%に到達したのは1942年であるが，約70年が経過した現在も14%には達していない。さらに1990～2000年に老年人口割合が12.6%から12.4%にわずかに低下するなど，日本とは対照的な変化を示している。アメリカの場合，第二次世界大戦後のベビーブームが1946～64年までの18年間にわたり，まだその多くが非老年人口に含まれていること，先進諸国の中では高い合計出生率を維持しており出生数も多いこと，移民の多くが10歳代後半から20歳代でアメリカに流入するために非老年人口が増加することなどの

表 9-1 老年人口割合の高い国 (1950年, 2010年)

順位	1950年		2010年	
	国名	割合(%)	国名	割合(%)
1	フランス	11.4	日本	22.6
2	ラトビア	11.2	ドイツ	20.5
3	ベルギー	11.0	イタリア	20.4
4	イギリス	10.7	スウェーデン	18.3
5	アイルランド	10.7	ギリシャ	18.3
6	エストニア	10.6	ポルトガル	17.9
7	オーストリア	10.4	ブルガリア	17.6
8	スウェーデン	10.3	オーストリア	17.6
9	グルジア	10.1	ラトビア	17.4
10	スリランカ	10.0	ベルギー	17.4

出典:『人口統計資料集2010』の表2-19を修正して引用.
原資料は World Population Prospects: The 2008 Revision

表 9-2 主要国の老年人口割合の倍加年数

国	到達年次		倍加年数
	7%	14%	7%→14%
フランス	1864	1979	115
ノルウェー	1885	1977	92
スウェーデン	1887	1972	85
ベルギー	1925	1976	51
デンマーク	1925	1978	53
イタリア	1927	1988	61
オーストリア	1929	1970	41
イギリス	1929	1975	46
スイス	1931	1983	52
ドイツ	1932	1972	40
オランダ	1940	2004	64
スペイン	1947	1992	45
ポルトガル	1951	1992	41
ギリシャ	1951	1992	41
ブルガリア	1952	1993	41
フィンランド	1958	1994	36
ルーマニア	1962	2002	40
日 本	1970	1994	24

出典:『人口統計資料集2010』の表2-18を修正して引用.
原資料は World Population Prospects: The 2008 Revision ほか

要因で高齢化の進行が抑制されている.

また,アジア諸国の老年人口割合は,現時点では日本よりも低い水準にある.しかしアジア諸国では1970年代以降,出生率が急激に低下した.そのため今後,アジア諸国ではきわめて早いスピードで高齢化が進行すると考えられている(早瀬・大淵 2010).

9.2 高齢化の地域差

1) 老年人口の分布と割合

前節で述べたような老年人口の増加や高齢化の進行には,地域的な差異が認められる.図9-2は,2005年における都道府県別の老年人口および老年人口割合を示している.老年人口の分布は非老年人口も含めた人口全体の状況と類似しており,東京都(230万人),大阪府(163万人),神奈川県(148万人)など大都市圏において多く,非大都市圏では少ない.特に北陸地方や四国地方,九州地方は少なく,最少は鳥取県(15万人)である.このような大都市圏への集中は,次第に強まる傾向がある.

図9-3は,日本の老年人口割合が7%を超えた1970年と2005年について,都道府県別の老年人口シェア(日本の老年人口に占める当該県の老年人口の割合)を示している.非大都市圏の県は老年人口シェアが低下しているのに対して,大都市圏の都府県は老年人口シェアが増加しているものが多い.その結果,三大都市圏(東京圏,大阪圏,名古屋圏)の老年人口シェアは38%から45%に増加しており,大都市圏への集積が強まっている.中でも,東京圏では郊外(埼玉県,千葉県,神奈川県)における老年人口シェアの増加が著しい.

一方,老年人口割合も大都市圏と非大都市圏で傾向が異なる(図9-2).2005年の日本全体の老年人口割合は20.1%であるが,東京圏,大阪圏,および政令指定都市を有する愛

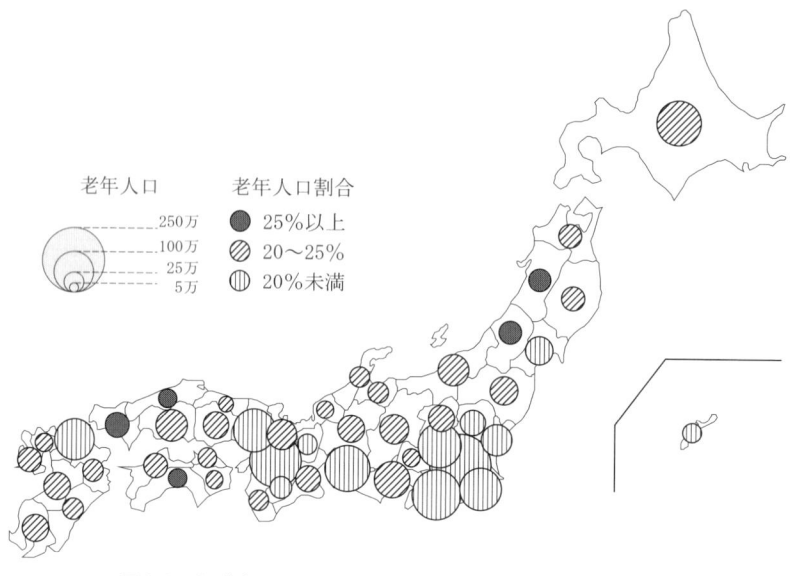

図 9-2　都道府県別の老年人口および老年人口割合（2005 年）
資料：国勢調査

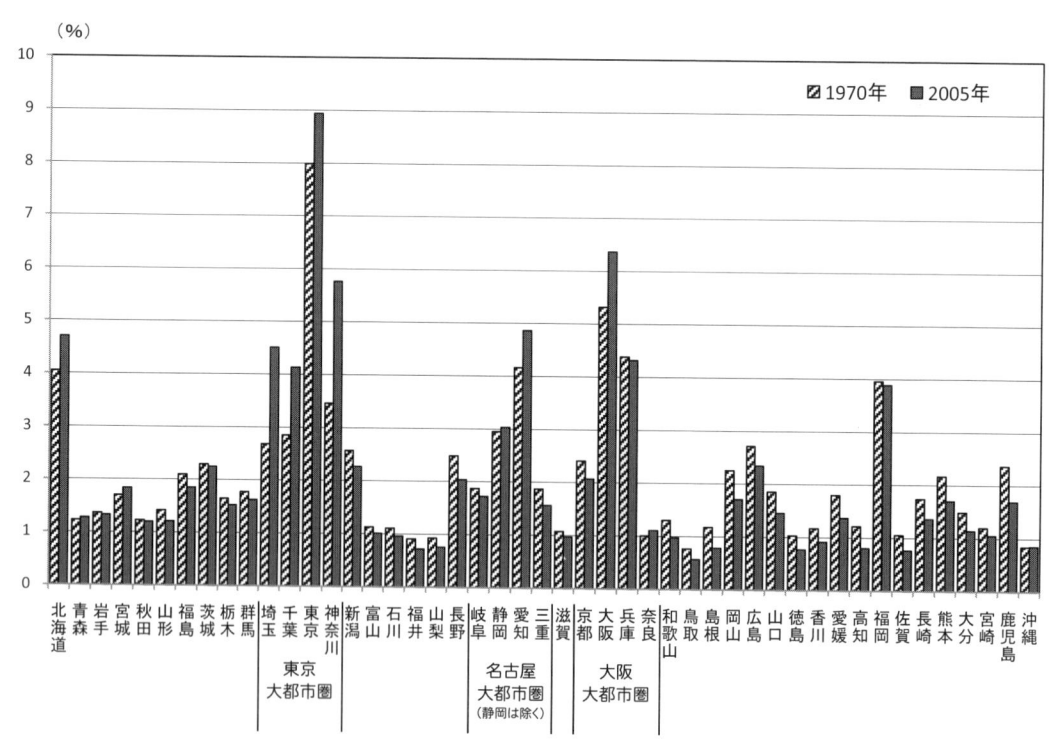

図 9-3　都道府県別の老年人口シェア（1970 年，2005 年）
老年人口シェア＝当該県の老年人口／日本の老年人口×100
資料：国勢調査

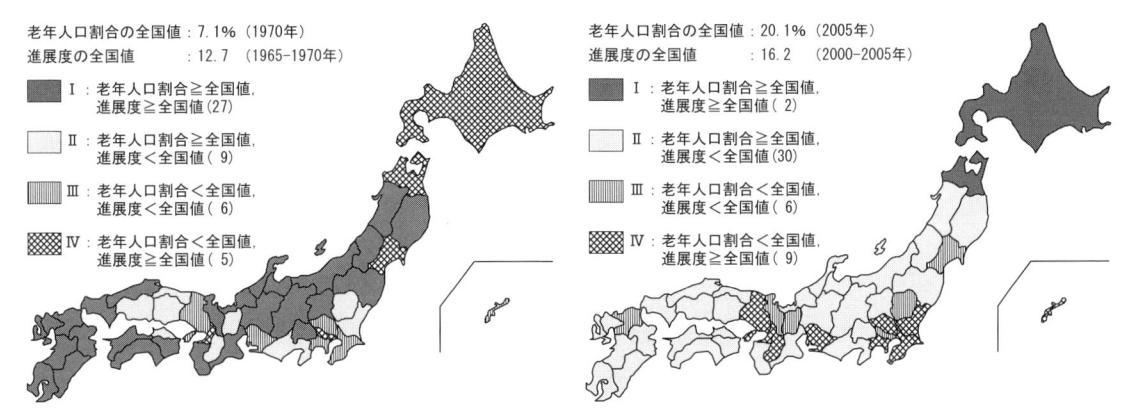

図9-4 都道府県別の老年人口割合および進展度（1970，2005年）
注：凡例中の数字は該当する都道府県数を示す
資料：国勢調査

知県，宮城県，福岡県は，全国水準よりも老年人口割合が低い。また，大都市圏ではないが沖縄県の老年人口割合は低く，国内で最も低い（16.1％）。これは沖縄県の合計出生率が日本国内では突出して高い水準にあり，そのため年少人口（15歳未満人口）が多く，相対的に老年人口の割合を下げているためと考えられる。沖縄を除く非大都市圏では高齢化が進んでおり，秋田県（26.9％），山形県（25.5％），島根県（27.1％），山口県（25.0％），高知県（25.9％）のように老年人口割合が25％を上回る県もみられる。

このように，大都市圏は老年人口割合は全国水準より低いものの大量の老年人口を抱え現在も増加傾向が続いているのに対して，非大都市圏は老年人口は少ないものの高齢化はより進行した状態にある，という点にそれぞれの特徴がある。

2）高齢化の進行の地域差

高齢化の現状には上述のような地域差がみられるが，その進行にはどのような特徴があるだろうか。高齢化の進行にみられる地域差を考えてみよう。図9-4は，都道府県別の高齢化の状況を，老年人口割合と高齢化の進展度（＝｛（比較年の老年人口の割合／基準年の老年人口の割合）－1｝×100　で求められる値。斎野（1997）に詳しい）によって4つのタイプに区分し，1970年と2005年について示したものである。

1970年についてみてみると，4つのタイプのうち最も多いのは27県を占めるタイプⅠである。これは老年人口割合と高齢化の進展度の両方とも全国水準よりも高い。これらは，主に東北地方の日本海側から北陸・四国・九州地方に見られる。東京，大阪，名古屋の三大都市圏周辺は老年人口の割合は全国水準より低いタイプⅢ，Ⅳである。この中でも東京都と大阪府がタイプⅣになっているのは，都心から郊外への人口流出によって高齢化が進行したためと考えられ，人口を受け入れた郊外（千葉県，神奈川県，埼玉県，兵庫県など）は進展度も低いタイプⅢになったと考えられる。1970年には，非大都市圏を中心として速いスピードで高齢化が進んだ一方で，大都市圏では高齢化は顕在化していなかったと言えよう。

2005年は，高齢化が全国水準よりも進んだタイプⅠ・Ⅱはやはり非大都市圏を中心に分布している。しかし，東北地方から甲信越，中国，四国，九州地方などの30県がタイプⅡに含まれる。このタイプは，老年人口割合は全国水準よりも高いものの，その進展度は全国水準を下まわる。つまり，非大都市圏の多くは，高齢化は進んでいるがその進行が弱まってきた状況にある。一方，東京周辺，大阪周辺および愛知県は，老年人口割合は全国より低いが進展度が高いタイプⅣに分類される。大都市圏周辺では，現在全国水準よりも速いスピードで高齢化が進展していることがわかる。

　このような大都市圏と非大都市圏における高齢化の進行の違いは，日本の人口移動の動向と密接に関わっている。1970年は，青年層を中心に，非大都市圏から大都市圏へ大量の人口移動が発生した時期にあたる。そのため，青年層を失った非大都市圏は急速に高齢化が進み（タイプⅠ），彼らを受け入れた大都市圏では高齢化の進行が緩やかであった（タイプⅢ）。しかしその後，非大都市圏から大都市圏への人口移動は弱まり，都心から郊外への移動を中心とする大都市圏内移動が活発になった。大都市圏に流入した人口は郊外に建設された住宅地域等に定着し年齢を重ねている。また，郊外で成長した子供たちの世代が進学・就職によって郊外を離れるために，若年層の流出も起こりつつある。そのため現在の大都市圏は，老年人口割合は全国の水準より比較的低いものの，高齢化が急速に進みつつある（タイプⅣ）。日本の人口高齢化はかつては非大都市圏を中心とする問題であったが，現在では，多くの人口を抱える大都市圏の問題となっているのである。

9.3　高齢人口移動

　高齢人口の分布は，地域に居住する人々が加齢とともに高齢となることに加え，高齢者自身の移動にも影響を受ける（Rogers and Woodward 1988）。日本でも，海外移住を行う事例も報告される（久保・石川 2004）など，高齢化の進行と共に高齢人口移動が増加しつつある。高齢人口移動は，流入地域に対して社会福祉サービスの需要を一層高め，負担増をもたらす可能性がある。その一方で，一定の収入があり健康状態の良い高齢者が流入すれば，彼らが財やサービスを購入したり，コミュニティの運営に積極的に関わる事などで，流入地域により良い効果が生じる可能性も期待できる（リャウ 2005）。

　2000年の国勢調査によると，65歳以上人口のうち過去5年間に居住地を移動した者は257万人で，高齢者全体の11.7％を占める。そのうち自市区町村内の移動が最も多く移動発生数の約60％を占める。一方，都道府県間移動の移動数は35万で高齢移動全体の13％を占める。高齢人口移動における都道府県間移動は，移動数や移動率の面で小さな値にとどまっている。しかしこのことは高齢人口移動における都道府県間移動の重要性を否定しない。都道府県間移動に関する移動効果指数（＝(転入数と転出数の差の合計)／(転入数と転出数の和の合計)×100，移動者総数のうち地域の人口分布に影響を与える移動者の比率を意味する指標）を年齢階級別に検討すると，60歳以上の移動効果指数は，最も移動の活発な15-24歳に次いで高い水準を示す（平井 2007）。高齢期の移動が既存の人口分布に与える影響は青年期に次いで大きいのである。

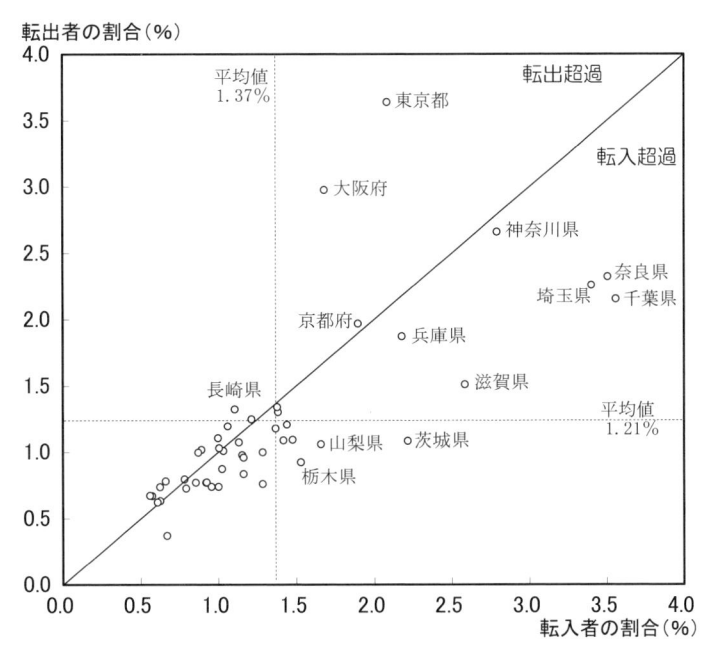

図9-5 都道府県別の老年人口の移動者割合（1995-2000年）
資料：国勢調査．平井（2007）の図5-1を一部修正して転載

　高齢人口移動の地域性を検討してみよう．2000年国勢調査を用いて，65歳以上人口に占める移動者の割合を都道府県別に示した（図9-5）．転入移動の場合，最小値は新潟県の0.55%，最大値は千葉県の3.51%であり，転出移動では最小値は沖縄県の0.37%，最大値は東京都の3.64%で，転入・転出ともに，県による格差が大きい．図中右上に位置する都府県は，転出移動と転入移動の両方とも全国の水準を上回る県である．これらは，東京都，大阪府，千葉県，奈良県など，東京および大阪の二大都市圏に属する県が該当する．これらの県の中でも東京都と大阪府は転入に比べ転出の方が高く大幅な転出超過を示すのに対して，その他の県は転入超過を示す．大都市圏の中心における流出と郊外における流入が明らかである．

　高齢人口移動において，大都市圏地域の移動率が高くその他の地方では低いこと，大都市圏の中でも都心（東京都，大阪府）が転出超過を示しその郊外県において転入超過を示すことなどは，1970年代から指摘されており（Otomo and Itoh 1988；田原・岩垂 1999），その傾向が現在も継続していることが確認できる．

　大都市圏郊外における高齢者の流入を分析してみると3つのタイプに分類できる．すなわち，①配偶者との死別を契機として子供世帯との同居を求めて日本全域から流入する単身女性の移動，②退職を契機として子供世帯との近居を求めて都心から郊外の子供世帯の近隣へ向かう高齢の夫婦の移動，③住宅の購入・更新のために近隣住宅地域から子供世帯と共に行う移動，の3類型である（平井 1999）．この3タイプで高齢者に特徴的なのは①および②であるが，その背景には，子供が進学や就職で大都市圏に集中しそこで家庭を持つことによって，高齢者（老親）と子供（成人子）が分離された状況になってしまう日本

の構造がある。将来，心身の状況が変化し介護等が必要となった場合に子供と離れていることに不安を感じる高齢者自身が，居住地を変更することで子供との分離を解消しているのである。

　このような大都市圏を中心とする高齢者の移動パターンに，近年変化が見られる。東京圏および大阪圏から他県へ向かう前期高齢者について，移動選択指数（出発地と到着地の人口規模から予想される期待移動数と実際の移動数を比較した指標）をみると，東京圏を出発地とする移動は関東地方内を目的地とする移動のみでなく，北海道，東北地方への移動が多く，大阪圏を出発地とする移動は近畿地方のみでなく四国地方，九州地方へ向かう移動も多いことがわかる。つまり，大都市圏から非大都市圏へ向かう移動が増加しているのである（田原・岩垂 1999; 平井 2007）。この移動は，かつて高度経済成長期に非大都市圏から大都市圏に大量に流入した集団就職の移動を反転させた移動パターンと捉えることができる。今後，第1次ベビーブームで出生した者が高齢期に入ることを考えると，このような移動はさらに増加することも予想される。

（平井　誠）

参考文献
久保智祥・石川義孝 2004.「楽園」を求めて－日本人の国際引退移動－. 人文地理 56:296-309.
斎野岳廊 1997.『大都市の人口高齢化』大明堂.
嵯峨座晴夫 1997.『人口高齢化と高齢者』大蔵省印刷局.
田原裕子・岩垂雅子 1999. 高齢者はどこへ移動するか－高齢者の居住地移動研究の動向と移動流－. 東京大学人文地理学研究 13: 1-53.
早瀬保子・大淵　寛編 2010.『人口学ライブラリー8　世界主要国・地域の人口問題』原書房.
平井　誠 1999. 大都市郊外地域における高齢者転入移動の特性－埼玉県所沢市の事例－. 地理学評論 72A: 289-309.
平井　誠 2007. 高齢者による都道府県間移動の地域性. 石川義孝編『人口減少と地域－地理学的アプローチ－』129-147. 京都大学学術出版会.
リャウ, K. L. 著, 中村尚弘・石川義孝訳 2005. 高齢者の移動に関する主要な理論的見解. 石川義孝編『アジア太平洋地域の人口移動』57-95. 明石書店.
Otomo, A. and Itoh, T. 1988. Migration of the elderly in Japan. In *Elderly migration: an international comparative study.* ed. Rogers, A. and Serow, W. J. Population Program, University of Colorado.
Rogers, A. and Woodward, J. 1988. The sources of regional elderly population growth: Migration and aging-in-place. *Professional Geographer* 40: 450-459.

10 高齢者の生活

人生の総決算期にあたる高齢期の生活は過去の人生の積み重ねを反映するため，高齢人口における格差は現役世代以上に大きい。そうした格差は個々人の能力や努力，あるいは偶然の運・不運による部分が大きいが，地域的な傾向を伴うものもある。本章ではそうした地域性に着目しながら，世帯，住まい，就業，介護の現状をみていこう。

10.1 世 帯

高齢化の進展に伴い，高齢者を含む世帯の数も増えている。国勢調査によると，日本が高齢化社会に突入した1970年には65歳以上の親族のいる一般世帯（以下，高齢者のいる世帯）は582万世帯で，世帯総数の21.5％に過ぎなかったが，2005年には3倍の約1720万世帯にまで増え，世帯総数の35.1％を占めるまでになった。

変化は数だけでなく，世帯のあり方にも及んでいる。厚生省の『厚生行政基礎調査』と厚生労働省の『国民生活基礎調査』によると，1980年には高齢者のいる世帯のうち，過半数（50.1％）を三世代同居が占めていたが，その割合は年々低下し，2007年にはわずか18.3％となった。高齢者にとっても三世代同居はもはや「少数派」といえよう（第6章参照）。かわって増えたのが夫婦のみ世帯（1980年16.2％→2007年29.8％）と単独世帯（同10.7％→22.5％），次いで親と未婚の子のみの世帯（同10.5％→17.7％）である（内閣府2009）。

しかし，こうした世帯構成の変化は全国一様に進んだわけではない。図10-1および図10-2は，2005年国勢調査により，高齢者のいる世帯に占める単独世帯と夫婦のみ世帯の割合を示したものである。単独世帯については，鹿児島県（33.7％）を筆頭に，東京都（30.9％），高知県（30.0％），大阪府（29.9％）と続き，最も低い山形県は12.6％である。北海道と東京都で高いことを除くと，西日本で高く，東日本で低いという傾向が読み取れる。夫婦のみ世帯については北海道が最も高いが（35.5％），鹿児島県（34.9％），宮崎県（32.8％）と九州勢が続き，ここでも山形県が最も低い（17.4％）。北海道と南関東で高いことを除くと，東日本で低く，西日本で高いという傾向が読み取れる。

その結果，高齢者の世帯構成は鹿児島県（単独世帯33.8％，夫婦のみ世帯34.9％，三世代同居世帯7.7％）や東京都（同30.9％，28.8％，9.6％）のように単独世帯と夫婦のみ世帯で6割を占め，三世代同居は1割に満たない地域がある一方で，山形県（同12.6％，17.4％，42.8％）のようにいまだに三世代同居が4割以上を占める地域もあり，地域によって大きな違いがある。このような世帯構成の地域性については第7章でも触れたように，東日本における「直系家族制」の持続性と，西日本における「夫婦家族制」の伝統との関連で説明されることが多い（熊谷 1997a,b; 清水 1992）．

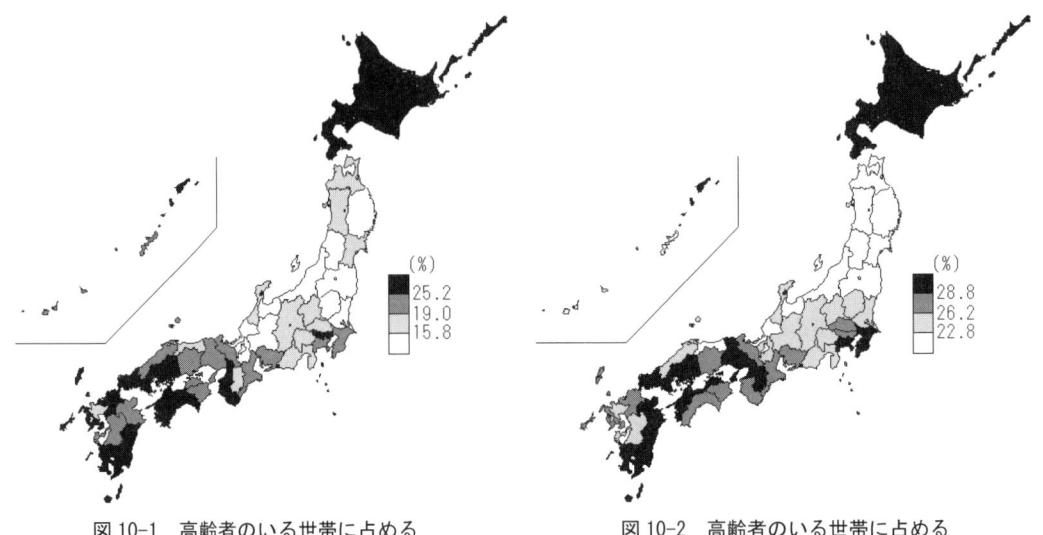

図 10-1　高齢者のいる世帯に占める
単独世帯の割合（2005 年）
資料：国勢調査

図 10-2　高齢者のいる世帯に占める
夫婦のみ世帯の割合（2005 年）
資料：国勢調査

10.2　住まい

　「住宅すごろく」という言葉をご存じだろうか。人が生まれてから中高年期までに経験する住まい方の変化をすごろくになぞらえたものである。具体的には，ベビーベットを振り出しに，親と一緒の部屋で「川の字」になって眠る時期，そして子供部屋を経て親の家を離れる。独立後は会社・学校の寮・寄宿舎や下宿からスタートし，木造アパート・公団単身アパートを経由して，結婚を機に賃貸マンションに移る。子供ができて手狭になると公団・公社アパートへ住み替え，子供の成長にあわせて広い家が必要になると，まずは頭金を蓄えて分譲マンションを取得し，最終的には「郊外庭つき一戸建て住宅」を手に入れて「上がり」となる。

　住宅すごろくという言葉は建築学者の上田篤によって考案され，1973 年に朝日新聞に掲載された「現代住宅双六」が初出とされる（1 月 3 日朝刊 東京 家庭面）。まさに高度経済成長期に成人した団塊の世代とその前後の世代，特に地方から上京した多くの人々のライフコースと夢（「いずれは郊外に庭つきのマイホーム」）を具体的に表したものであった。人々が現実のすごろく上でいかにふるまったかについての詳細な検討は第 12 章に譲るとして，ここでは高度経済成長期に寮・寄宿舎や下宿から「振り出し」た人々が無事に「上がる」ことができたのかどうかをみていくことにしよう。

　2005 年国勢調査によると，全国では高齢者のいる世帯の 83.5％が持家に居住している。一般世帯全体では 62.1％であることから，ライフステージの進行に伴って住宅すごろくの「上がり」に達し，高齢期を迎えた人々が多いことが確認できる。

　しかし，この数値は地域差が大きい。高齢者のいる世帯のうち，持家に居住する世帯の割合が 9 割あるいはそれ以上に達している県がほとんどであるのに対して，大阪府（66.3％）と東京都（70.2％）で特に低い（図 10-3）。住まいの選択にはさまざまな事情が関わると

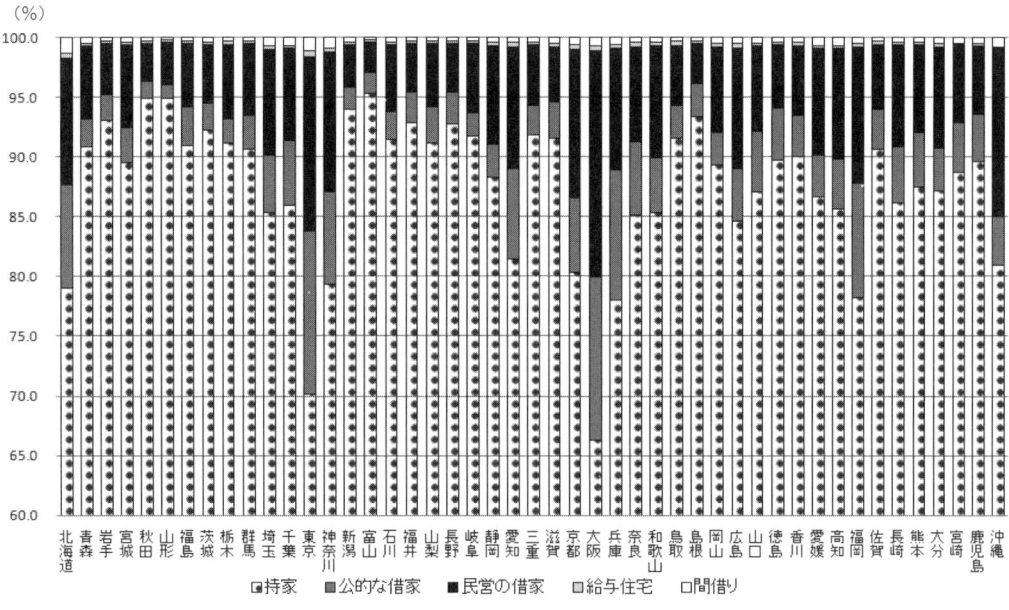

図 10-3 都道府県別高齢者のいる世帯の住宅の所有の形態（2005年）
資料：国勢調査

はいえ，地価の高い大都市における住宅取得の厳しさが「上がり」を難しくしている点は疑いないだろう。

そしてもう一つ，持家に居住する世帯の割合と深く関わっているのが世帯類型，特に単独世帯の割合である。全国の高齢単独世帯のうち，持家に居住するのは男性で55.0％，女性で68.6％にとどまっており，高齢者のいる世帯全体の数値と比べると大きな開きがある。大都市で借家・間借り世帯の割合が高いことの背景には，一人暮らしの高齢者の割合の高さがあると考えられる。

ただし，ここで注意して欲しいのは，一人暮らしの高齢者は鹿児島県や高知県をはじめとする地方圏でも多いという点である。そこで，単独世帯だけを取り出して持家率をみてみると，多くの県で男性の7割，女性の8割程度が持家に居住している一方で，東京都では男性43.3％，女性58.3％，大阪府では男性33.2％，女性51.0％と突出して低く，代わりに民営借家の割合が高いことがわかる（図10-4，10-5）。

ここでもう一度，住宅すごろくに戻って，このデータの意味を考えてみよう。同じ単独世帯でも持家率に大きな差がある背景には，住宅の取得の困難さの違いに加えて，結婚→子育てというライフコースをたどらなかった，あるいは途中でリタイアしたために住宅すごろくに参加しなかった人々の存在を読み取ることができる。さまざまな社会階層・経歴の人々が集まる大都市には，典型的なライフコースからは外れた人々も少なからず存在する。その結果，住宅すごろくに参加せず，あるいは途中でリタイアして，借家や間借りで高齢期を過ごす人々が無視できない割合で存在していると考えられる。この点が住宅すごろくで「上が」った＝持家を取得した後に，子どもの離家（進学，就職や結婚をきっかけに親の家を離れること）や配偶者との死別によって独居となった高齢者が多い地方圏と異

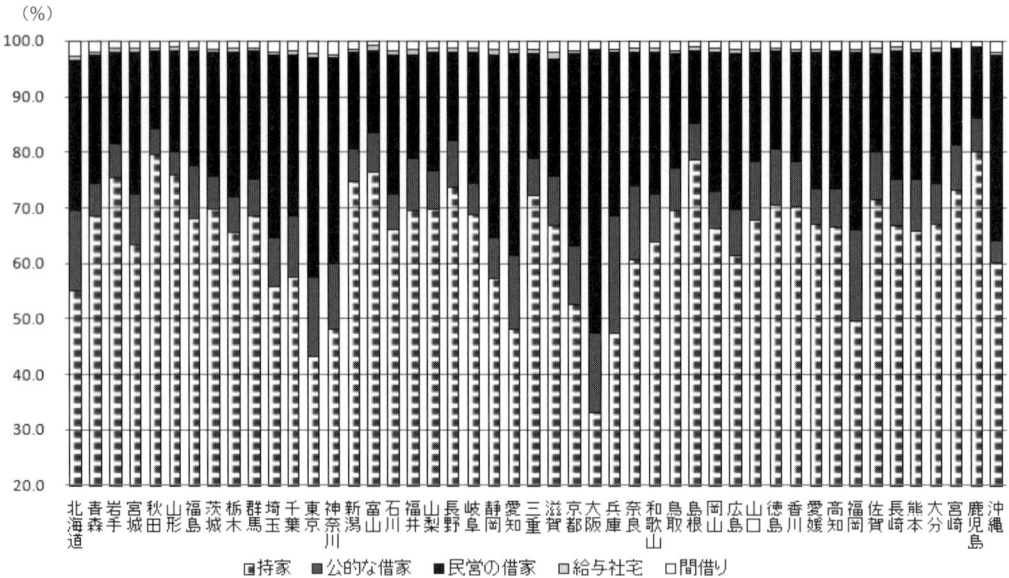

図 10-4　都道府県別単独高齢者（男性）の住宅の所有の形態（2005 年）
資料：国勢調査

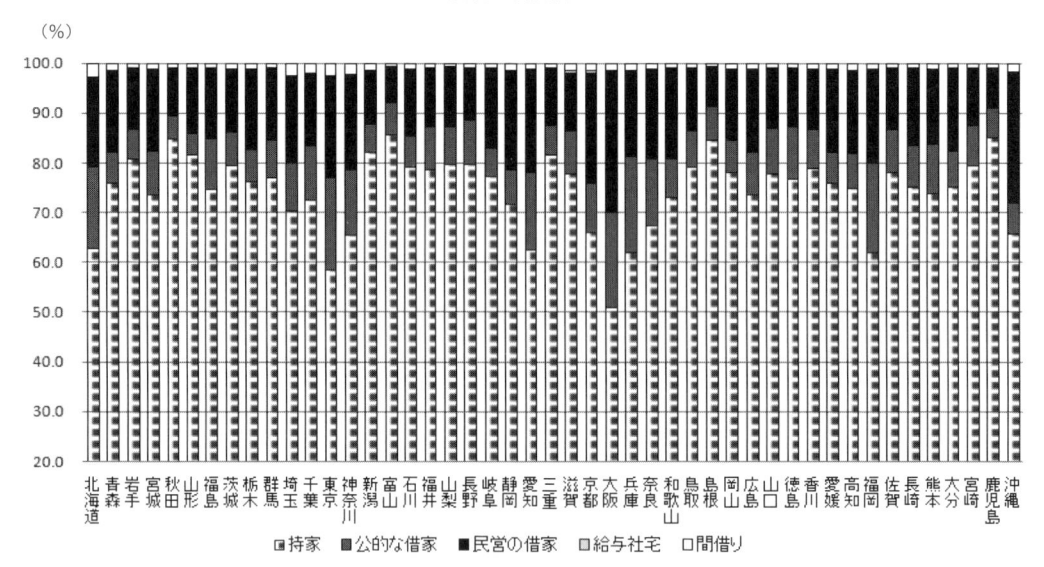

図 10-5　都道府県別単独高齢者（女性）の住宅の所有の形態（2005 年）
資料：国勢調査

なるところである。このことは厚生労働省(2007)の『平成 19 年国民生活基礎調査』により，高齢者の子どもとの同・別居状況を「同居の子のみあり」「同居・別居の子あり」「別居の子のみあり」「子どもなし」「子どもの有無不詳」に分類すると，東京都，大阪府では「子どもなし」「子どもの有無不詳」の割合が突出して高いことからも裏付けられる。

　借家や間借りといった所有形態は持家と比べて居住の安定性・継続性に不安が残る。住宅の持ち主側の事情（建て替えや取り壊し，家賃の値上げなど）に左右されたり，生活に支障が生じた際にリフォーム等による対応が行いにくかったりするためである。高齢であ

ることを理由に家主から敬遠され，入居拒否にあうこともある。このように経済的な困窮と居住の不安定さ，そして家族とのつながりの弱さ，社会からの孤立といった問題を重層的に抱える単独高齢者の存在は，大都市における高齢者福祉の課題を象徴しているといえよう（山田 2010）。

　もちろん，持家世帯にも問題がないわけではない。2000 年国勢調査によると，持家に住む単身男性の 22.2%，単身女性の 26.3%，夫婦のみ世帯の 48.1% が 100m² 以上の住宅に居住しているが，子どもが独立した後の，いわゆる「空きの巣（エンプティネスト）」世帯にとっては広すぎる持家を管理することが負担になり，持てあますこともある。また，高齢者の転居や死亡に伴って空家化する住宅が増えていることが，地方圏のみならず，大都市圏でも問題となっている（江崎 2006: 133-150）。

　最近，地方圏では利用されていない空家を発掘し，持ち主と交渉したうえで，引退移動を考える中高年や田舎暮らしを希望する若い世代に紹介する「空家バンク」事業に乗り出す自治体・団体が急増している。また，大都市圏でも郊外の「空きの巣」を売却して，より利便性の高い集合住宅への転居を考える高齢者の存在が指摘されている（松村 2002）。彼らから「空きの巣」を購入し，リノベート（既存の建物を大規模に改修することで，建て替えずに機能・性能を向上させること）した物件を，更地にして建て替えるよりは安い価格で若い世代に販売する新しいビジネスも始まっている。こうした状況を受けて，「庭付き郊外一戸建て」だけでなく，「老人ホーム」「外国定住」「農家町家回帰」「都心高層マンション」「親子マンション互助」を加えて 6 つの「上がり」を用意した新しい「住宅すごろく」が 2007 年に発表されている（日本経済新聞 2007 年 2 月 25 日朝刊）。

10.3　就　業

　健康寿命（日常的に介護を必要とせず，健康で自立した生活を送ることのできる期間）が伸長するにつれ，いかに社会とのつながりを保って充実した高齢期を送るかが重大な関心事となっている。社会参加や生きがいづくりにかかわる活動にはさまざまなものがあるが，日本の高齢者は他の先進国に比べて労働力率が高く，勤労意欲も高いことで知られてきた。そこで高齢者の就業の現状をみていくことにしよう。

　表 10-1 は日本と諸外国の 60 〜 64 歳，65 歳以上の労働力率を男女別に比較したものである。労働力率とは，ある年齢集団における就業者と完全失業者の合計である労働力人口を当該年齢集団の総数で割って得た数値である。日本の高年齢者の労働力率は欧米先進国

表 10-1　労働力率の国際比較（2007 年）　　　　　　　　　（単位：%）

		日本	フランス	ドイツ	スウェーデン	アメリカ合衆国	韓国	メキシコ
男性	60 〜 64 歳	74.4	17.5	45.1	67.7	59.2	96.5	73.1
	65 歳以上	29.8	2.0	5.3	15.0	20.5	42.9	45.1
女性	60 〜 64 歳	42.2	15.2	27.4	59.1	47.9	43.9	28.2
	65 歳以上	12.9	0.9	2.4	7.7	12.6	23.3	14.2

資料：『高齢社会基礎資料 09 − 10』．原資料は *Yearbook of Labour Statistics 2008*

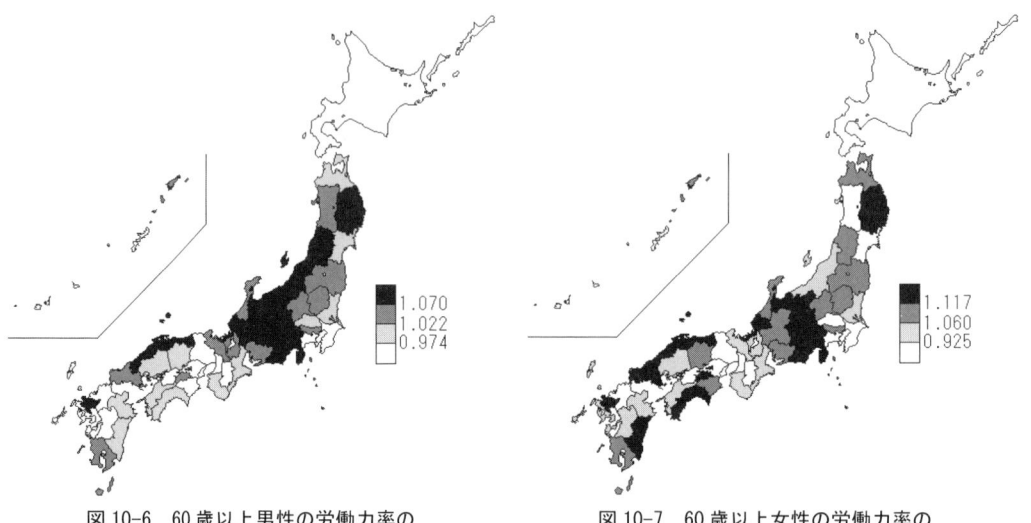

図10-6 60歳以上男性の労働力率の
地域差指数（2005年）
資料：国勢調査

図10-7 60歳以上女性の労働力率の
地域差指数（2005年）
資料：国勢調査

に比べると概して高いものの，韓国や途上国に比べると低いことがわかる。このデータから勤労意欲の高さを読み取ることはできるが，経済・社会的な環境が及ぼす影響の大きさをどう読み取るかは判断の分かれるところであり，今後の動向が注目される。

次に日本国内での地域性に着目すると，60歳以上人口の労働力率は，最も高い長野県が男性52.9％，女性27.3％，最も低い沖縄県が同35.6％，14.6％で，地域差が大きい（全国平均は男性44.1％，女性20.1％）。ただし労働力率は年齢が若いほど高いため，比較的若い高齢者が多い地域ほど労働力率が高くなる傾向を持つ。そこで「労働力率の地域差指数」を用いて比較したものが図10-6，10-7である。

地域差指数とは，地域の年齢構造によって影響を受けやすい現象を比較・分析する際にその影響を除去するために用いる手法で，ここでは当該都道府県の男女別60歳以上の労働力人口（実測値）を，性別・年齢階級別労働力率が全国平均と同じだった場合の理論値で割って算出している。地域差指数が1.0よりも大きいほど人口構造に比して労働力率が高く，1.0よりも値が小さいほど人口構造に比して労働力率が低いことを意味している。

結果をみると，男性では地域差指数が1.0を大きくはずれる都道府県は少ないことから，年齢構造の影響を除去すると，就業の活発さにそれほど大きな地域差はないことがわかる。とはいえ，地域差指数が低いグループには三大都市圏の郊外県（神奈川県，千葉県，兵庫県，奈良県），高いグループには地方圏（長野県，山梨県，島根県，鳥取県，福井県，岩手県）が目立ち，中程度のグループには地方圏と三大都市圏の中心都府県が混在するという傾向が読み取れる。また，男性に比べると女性のほうがばらつきは大きく，順位に多少の入れ替わりはあるものの，総じて言えば男性の地域差指数が高い都道府県ほど女性の地域差指数も高いという傾向が明確に確認できることから，高年齢者の勤労意欲や就業機会の地域性を読み取ることも可能だろう。

ちなみにそれぞれの都道府県の地域差指数と1人当たり県民所得とを見比べてみたとこ

ろ，両者の関係性に明確な傾向を見出すことは難しいことから，地域経済全般の活発さと高年齢者の就業の活発さはあまり関連がないといえよう。しかし，65歳以上就業者の産業大分類別構成比から算出した立地係数（各都道府県におけるある産業の構成比を全国における当該産業の構成比で割った数値）と地域差指数との関係を見ると，男女とも農業の立地係数の大きい地域ほど地域差指数も大きいという傾向がある程度読み取れることから，農業と高年齢者の就業の結びつきを確認することができる。ただし，こうした結びつきは現在の高齢者が若かった時代の産業・職業構成を少なからず反映していると考えられ（エイジング総合研究センター 2010：45-46），今後は変化することも予想される。

一方，三大都市圏の中で地域差指数が比較的高い都府県では，不動産業（東京都男性・女性），製造業（東京都男性，京都府男性，愛知県女性），卸売・小売業（京都府男性），医療・福祉（東京都女性），他に分類されないサービス業（東京都男性・女性，愛知県女性）での就業が目立つ。

10.4　介　護

家族が介護を必要とするようになった時に十分なサービスを受けることができるかどうか，気になる人も多いだろう。日本では2000年に5番目の社会保険として介護保険制度が導入された。介護保険導入以前の介護サービスは自治体による措置制度（行政機関がその権限によってサービスを供給する制度）の枠組みの中で，税金と利用者本人の自己負担によってその財源が賄われていたが，介護保険では高齢者と社会と政府（国・自治体）が費用を負担しあうしくみとして社会保険制度が採用された。その結果，利用者本人の自己負担（1割）以外の部分は，税金（国，自治体）と保険料（高齢者ならびに40歳以上の人々が負担）によって賄われることとなった。

介護保険制度では，65歳以上の高齢者は第1号被保険者と呼ばれる。介護サービスを利用したい第1号被保険者は，市町村の要介護認定を受けなければならない。心身の状況を審査された結果，要支援1，2，要介護1～5までの7段階に認定されると，認定された要介護度に応じて介護保険からの給付を受けることができる。その一方で，すべての高齢者は第1号被保険者として，介護保険の利用の有無にかかわらず，それぞれの自治体が定める保険料を支払う義務を負う。

第1号被保険者の保険料の額は，基本的にはそれぞれの自治体において給付される介護サービスの総額に応じて決まる。実際には各自治体の後期高齢者の割合や第1号被保険者の所得の状況に応じて国から交付される「調整交付金」によって，ある程度の格差は是正されるものの，それでも最高額の青森県十和田市（5,770円）と最低額の福島県檜枝岐村・岐阜県七宗町（2,265円）では月額3,505円，年にして4万円以上の差がある（2009～2011年の基準額）。そのため，自分の住む自治体の介護保険料と利用できるサービスの質・量との関係に，これまで以上に強い関心が集まるようになった。

では，サービス利用の実態はどうなっているのだろうか。介護保険サービスの地域的偏在についての市町村別・圏域別の詳細な分析は宮澤（2003）や杉浦（2005）に譲り，ここ

表 10-2　都道府県の年齢・世帯構造と介護保険給付費，要介護認定者率との関係性の強さ（2005 年）

	一人当たり給付費月額	施設サービス	居宅サービス	施設サービス受給者率	居宅サービス受給者率	要介護認定者率	軽度	重度
85 歳以上人口割合	中程度	強い		強い	弱い	中程度	弱い	中程度
高齢者のみの世帯の割合	中程度		弱い		中程度	中程度	中程度	

注：空欄は関係性が認められないもの
資料：『介護保険事業状況報告（暫定版）平成 17 年 10 月分，12 月分』，国勢調査

では都道府県別に大まかな傾向をみていこう。

2005 年 10 月サービス分の介護保険事業状況報告によると，第 1 号被保険者一人当たりの給付費月額（以下，一人当たり給付費月額）は，最も高い徳島県（22,816 円）と最も低い埼玉県（14,123 円）では約 8,700 円，1.6 倍の差がある（全国平均は 17,856 円）。こうした格差の要因として思い当たるのが，介護を必要とする状態に陥る可能性の高いより高齢な高齢者の割合や，家族による介護を期待しにくい高齢者のみの世帯の割合の地域差である。実際に，65 歳以上人口に占める 85 歳以上人口の割合（以下，85 歳以上人口割合）や高齢者のいる世帯に占める高齢者のみの世帯の割合（以下，高齢者のみの世帯の割合）が高い都道府県ほど，一人当たり給付費月額や第 1 号被保険者に占める要介護認定者数（以下，要介護認定者率）が大きいという傾向が読み取れる（表 10-2）。

さらに，受給の実態を施設サービスと居宅サービスに分けて比較すると興味深い傾向が見えてくる。施設サービスの受給者率と給付費は，85 歳以上人口割合が高い都道府県ほど大きくなるという傾向が明確に認められるが，高齢者のみの世帯の割合との間にはそうした関係性が読み取れない。一方，居宅サービスの受給者率は，高齢者のみの世帯の割合との間ではある程度の関係性が認められるが，85 歳以上人口割合との間には関係性は読み取れない。

また，軽度の認定者率（要支援 1 ～要介護 2）については，高齢者のみの世帯の割合が高い都道府県ほど高くなるという関係性を読み取ることができるが，85 歳以上人口割合との間にはそうした結びつきは認められない。これに対して重度の認定者率（要介護 3 ～ 5）は 85 歳以上人口割合との間にある程度の関係性が認められるが，世帯構成との間にはそうした関係性は読み取れない。つまり，より高齢化が進んだ地域では施設サービスの受給者率と給付費，ならびに重度の認定者率が高くなり，高齢者のみの世帯の割合が高い地域では居宅サービスの受給者率と軽度の認定者率が高くなるという傾向を読み取ることができよう。

このことから，地域によって年齢別の要介護状態に大きな差がないと仮定すれば，施設サービスの利用や重度の認定については現実の要介護状態（≒年齢）に即して利用・認定される傾向が強く，居宅サービスの利用や軽度の認定については健康状態だけでなく世帯構成も加味されるという傾向を読み取ることができるだろう。

しかし，個々に見ていくと，こうした傾向からは外れる都道府県も少なくない。図 10-8 はそれぞれの都道府県の一人当たり給付費を施設サービスと居宅サービスに分けて示した

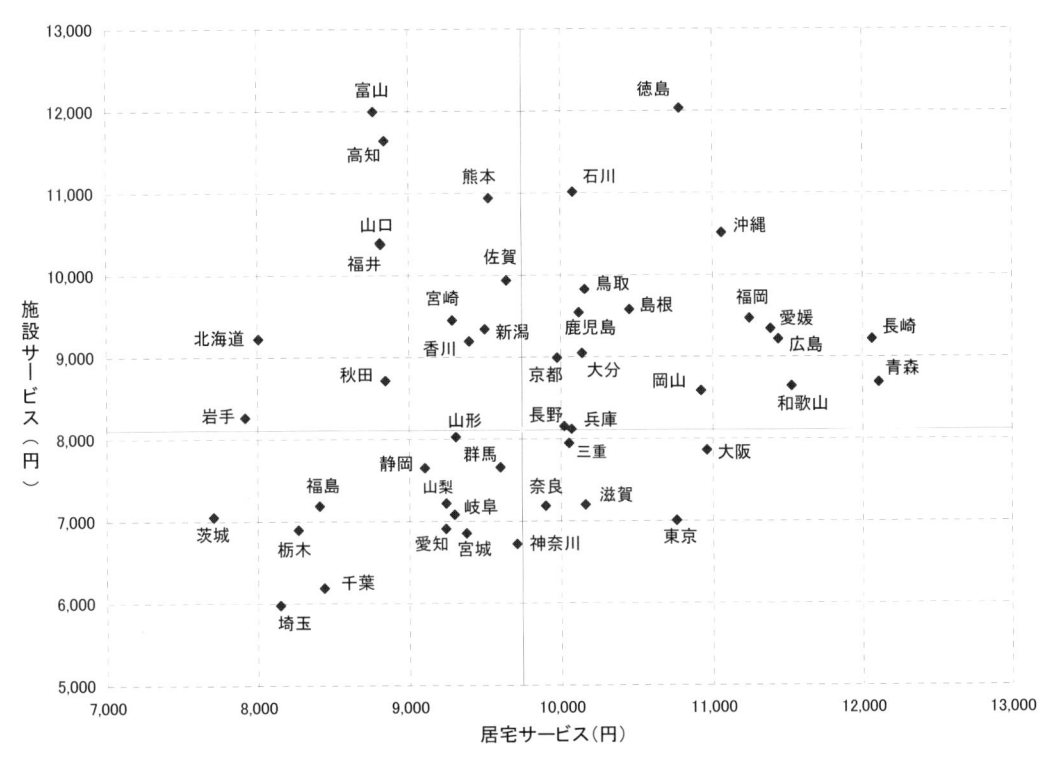

図 10-8 居宅・施設別一人当たり給付費（2005 年 10 月）
資料：『介護保険事業状況報告（2005 年 10 月分，12 月分）』

ものである。

　同図において第 1 象限（施設サービス，居宅サービスともに給付費が高い）に位置している青森県は，85 歳以上人口割合と高齢者のみの世帯の割合が共に低いため，上述の傾向にあてはめるならば，第 3 象限（施設サービス，居宅サービスともに給付費が低い）に位置するはずである。したがって青森県は，年齢・世帯構造に照らして居宅・施設サービスの利用が共に旺盛であるといえよう。同様に，高齢者のみの世帯の割合は高いが，85 歳以上人口割合が低いので第 4 象限にあてはまるはずの北海道が第 2 象限に位置していることからは，年齢・世帯構造に照らして居宅サービスの利用がふるわず，施設サービスに偏っている現状が読み取れる。また，鳥取県や沖縄県は，85 歳以上人口割合は高いが高齢者のみの世帯の割合が低いので第 2 象限に該当するはずだが，実際には第 1 象限に分布していることから，世帯構造に照らして居宅サービスの利用が多いといえよう。

　一方，山口県や高知県は世帯構造に照らして居宅サービスの利用が少なく（第 1 象限→第 2 象限），福島県，茨城県，山梨県は年齢構造に照らして施設サービスの利用が少ない（第 2 象限→第 3 象限）という地域特性も読み取れる。

　先述したように，介護保険制度の導入により，措置制度の時代と比べて受益と負担の対応関係が強まった。あなたは，保険料は高くてもサービスが潤沢な自治体と，サービスは抑制的だが保険料も安い自治体のどちらを好ましいと思うだろうか。

（田原　裕子）

参考文献

エイジング総合研究センター 2010.『新少子高齢社会の基礎知識』中央法規.
江崎雄治 2006.『首都圏人口の将来像－都心と郊外の人口地理学－』専修大学出版局.
熊谷文枝 1997a.『日本の家族と地域性（上）－東日本の家族を中心として－』ミネルヴァ書房.
熊谷文枝 1997b.『日本の家族と地域性（下）－西日本の家族を中心として－』ミネルヴァ書房.
清水浩昭 1992.『高齢化社会と家族構造の地域性－人口変動と文化伝統をめぐって－』時潮社.
杉浦真一郎 2005.『地域と高齢者福祉－介護サービスの需給空間－』古今書院.
内閣府 2009.『平成 21 年版　高齢社会白書』.
松村眞吾 2002. 都市居住のトレンドをどうみるか. 広原盛明・岩崎信彦・高田光雄編『少子高齢時代の都市住宅学－家族と住まいの新しい関係－』224-234. ミネルヴァ書房.
宮澤　仁 2003. 関東地方における介護保険サービスの地域的偏在と事業者参入の関係－市区町村データの統計分析を中心に－. 地理学評論 76A: 59-80.
山田知子 2010.『大都市高齢者層の貧困・生活問題の創出過程－社会的周縁化の位相－』学術出版会.

【コラム】アリゾナ州サンシティ（Sun City, Arizona）

大都市圏，地方圏ともに住民の高齢化に悩む日本だが，世界には住民の平均年齢は 70 歳以上，19 歳未満の子供は「住むことを禁止する」という街もある。もちろん老人ホームではない。常住人口 3 万 5 千人のれっきとした街である。街の名前はサンシティ・アリゾナといい，概ね 50 歳代後半以降の，現役から引退した人たちが集中して居住するリタイアメント・コミュニティ（以下，RC）のひとつである。

アメリカ合衆国には気候の温暖な地域に退職者が集住することによって自然発生的に形成された RC のほか，民間企業によって開発・分譲された RC が数多く存在する。サンシティ・アリゾナはその元祖である。

サンシティ・アリゾナはシティ＝市と称しているものの，厳密には行政上の市ではない。改正優良住宅法に基づく非行政コミュニティ（Unincorporated Community）で，マリコーパ郡（County）に直属する，いわば自治コミュニティである。住民に身近な自治体である市が存在しないため，一般に行政サービスとして提供されるサービスの多くを住民自らが実施している。

たとえば，警察については住民ボランティアが自警団（Sheriff's Posse of Sun City）を組織し，マリコーパ郡警察を補完して定時巡回パトロールや緊急時の交通整理を行うほか，自前の無線設備を利用した緊急通報サービスなども提供している。自警団とはいえ，郡警察で研修を受けた 170 人の「制服警官」が交代で 24 時間体制の勤務を行っており，15 台のフル装備パトカーと 2 階建ての立派なオフィスビルまで所有している。驚くべきはその財源で，政府からの補助は一切受けておらず，すべて住民の寄付によって賄われている。

また，ごみの収集は業者に委託しているが，収集車の後について道路を清掃するのは，住民のボランティア組織であるプライズ（PRIDES；Proud Residents of Donating

Essential Services）のメンバーである。彼らはほかに公園の清掃や街路樹の剪定，スプリンクラーのメンテナンスなども行っている。

さらに，サンシティ・アリゾナには11か所のゴルフ場と7つのレクリエーションセンター（7つすべてにスイミングプールが整備されているほか，ボーリング場，テニスコート，フィットネスジムなどのスポーツ施設と，陶芸，絵画，木工などの美術・工芸施設が多彩に組み合わせされている）が立地している。その経営・管理を行っているのは，全住民を会員とする「レクリエーションセンターズ　オブ　サンシティ」というNPO団体である。住民は利用者として楽しむだけでなく，自ら経営し，スタッフとして（有償で）働き，ボランティアとして（無償で）支えているのである。

それにしても，サンシティの高齢者たちはなぜ，ここまでがんばるのだろうか。ひとつには経済的なメリットがある。市税が不要であるため，固定資産税については，隣接するフェニックス市の14.4%に対して13.2%と低く，消費税も市税分1.8%が徴収されずに済み，1世帯当たり年間数十万円のコストが節約できる。

だが，行政サービスをあてにせず，必要なサービスを自分たちで確保し続けることは容易なことではない。実際，非行政コミュニティとして出発したものの，自主的な運営が立ちいかなくなり，市に「昇格」するRCもある。老いても独立心が旺盛なアメリカ人にとって，自分たちの手でコミュニティを守ることへの誇りも大きな意味を持っているのだろう。

ところで，サンシティ・アリゾナを訪ねてみると，若い人の姿を見かけることが少なくない。聞けば，祖父母を訪ねて休暇を過ごしにやってくる子どもや孫が多いそうである。タダのように安い料金でオリンピックサイズの美しいプールやフルレングスのゴルフ場を利用できるとあって，喜んで遊びに来るらしい。

近年，日本でも，社会サービスの供給を何もかも政府に任せる福祉国家から，市民や企業を含む多元的な供給主体が参加するソーシャル・ガバナンスへの転換が模索されるようになった。自分たちでできることは自分たちで，というサンシティ・アリゾナのあり方は，これからの日本社会のあり方を考える上でも示唆に富む。

（田原　裕子）

11 都市内の人口分布

　人口分布とその変化は人口地理学の基本的な研究テーマの一つである。とりわけ，産業革命以降に急成長を遂げた都市の内部における人口分布については，さまざまな学問分野で多くの研究が重ねられてきた。本章では，第二次世界大戦以降に人口が急増した日本の都市を対象として，都市内の人口分布とその変化を考える。その後，都市内の人口分布のモデル化を試みた研究を紹介し，最後に今後の課題を整理する。

11.1　都市発展の歴史と都市圏の設定

　本章では都市内の人口分布について検討していくが，その際，都市の空間的範囲をどのように決めるかが問題となる。この問題を考えるために，山鹿（1981）を参考にして，日本における都市発展の歴史を簡単に整理しよう。

　戦前の日本では，経済成長に伴って，農村から都市への人口移動である向都離村の動きが生じた。人口が増加した都市では，旧来の市街地からその外側に溢れ出る形で市街地が拡大した。その結果，戦前の都市域は，市街地が連続するという景観上の特性を有し，都市化の進展した場所という点で同質な地域が連続する等質地域の性格を有していた。

　一方，戦後になると，都市交通の発展に伴い，通勤通学や買い物などの日常生活の面で都市と密接に結びつく周辺市町村が飛び地的に数多く出現した。戦後の都市域は，市街地の連続性の有無に関わらず，都市と密接に結びつく都市の影響圏として理解すべきものに変化したのである。これは，都市を結節点としてその周辺市町村が結びつく結節地域として理解される地域構造である。

　こうした都市発展の歴史を考慮すると，都市内の人口分布を考える場合，行政上の市ではなく，都市とその周辺市町村で形成される結節地域としての都市圏を対象とすることが重要である。以上を踏まえ，本章では，山田・徳岡（1983）が提案した標準大都市雇用圏 Standard Metropolitan Employment Area（SMEA）を用いて，都市内の人口分布を検討していく。なお，日本における他の都市圏の設定事例は金本・徳岡（2002）を参照されたい。

　SMEAの設定は，市町村を基本単位として，中心都市の設定，郊外の設定，都市圏全体の人口規模の確認，の3段階に分かれる。まず，常住人口5万人以上の就業上の中心地を「中心都市」とする。次に，中心都市と社会経済的に密接に関係する地域として，中心都市への通勤率が10％以上の周辺市町村を「郊外」とする。以上において，中心都市と郊外の各市町村は，常住就業者の75％以上が非第1次産業に就業していなければならない。最後に，人口集積地として10万人以上の人口規模を有するか否かを確認し，最終的な圏域を画定する。このようなSMEA内の市町村は，人口集積地の一角を占めるとともに，都市的産業に従事する人の割合が高い点で，都市化の進展した地域であるといえる。

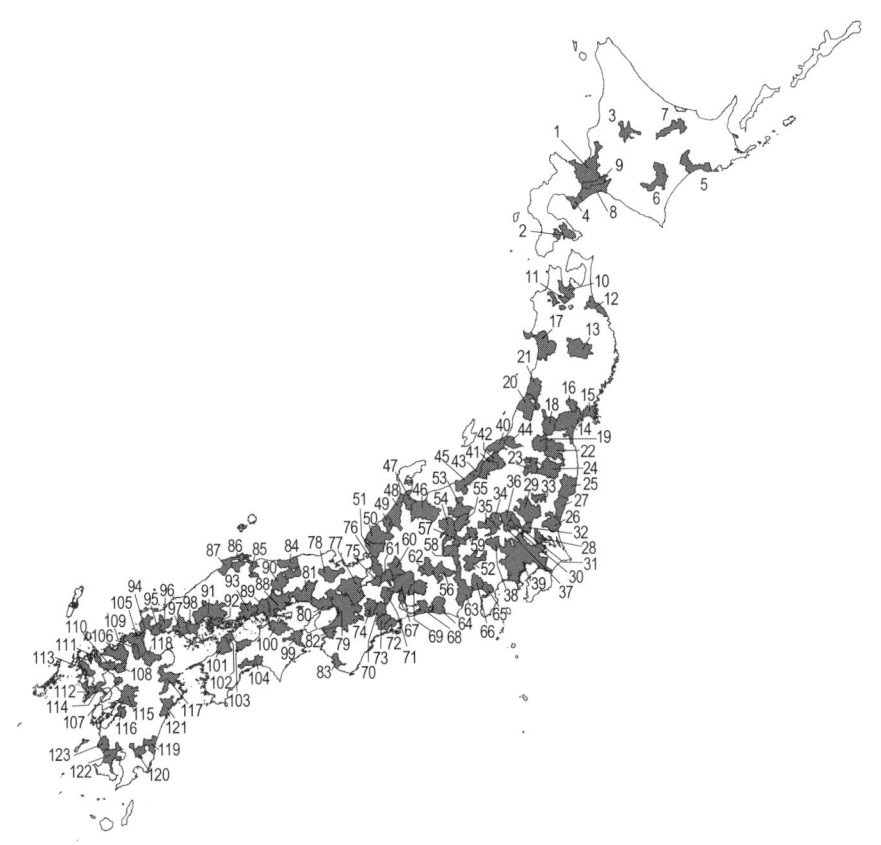

1. 札幌Ⅱ	2. 函館Ⅳ	3. 旭川Ⅳ	4. 室蘭Ⅴ	5. 釧路Ⅴ	6. 帯広Ⅴ	7. 北見Ⅴ	8. 苫小牧Ⅴ	9. 千歳Ⅴ
10. 青森Ⅴ	11. 弘前Ⅴ	12. 八戸Ⅴ	13. 盛岡Ⅴ	14. 仙台Ⅱ	15. 石巻Ⅴ	16. 古川Ⅴ	17. 秋田Ⅳ	18. 山形Ⅳ
19. 米沢Ⅴ	20. 鶴岡Ⅴ	21. 酒田Ⅴ	22. 福島Ⅳ	23. 会津若松Ⅴ	24. 郡山Ⅳ	25. いわきⅣ	26. 水戸Ⅳ	27. 日立Ⅳ
28. つくばⅤ	29. 宇都宮Ⅲ	30. 足利Ⅴ	31. 佐野Ⅴ	32. 小山Ⅴ	33. 大田原Ⅴ	34. 前橋Ⅳ	35. 高崎Ⅳ	36. 桐生Ⅴ
37. 太田Ⅴ	38. 秩父Ⅴ	39. 東京Ⅰ	40. 新潟Ⅲ	41. 長岡Ⅳ	42. 三条Ⅴ	43. 柏崎Ⅴ	44. 新発田Ⅴ	45. 上越Ⅴ
46. 富山Ⅳ	47. 高岡Ⅳ	48. 金沢Ⅲ	49. 小松Ⅴ	50. 福井Ⅳ	51. 武生Ⅴ	52. 甲府Ⅳ	53. 長野Ⅴ	54. 松本Ⅳ
55. 上田Ⅴ	56. 飯田Ⅴ	57. 諏訪Ⅴ	58. 伊那Ⅴ	59. 佐久Ⅴ	60. 岐阜Ⅲ	61. 大垣Ⅴ	62. 中津川Ⅴ	63. 静岡Ⅲ
64. 浜松Ⅲ	65. 沼津Ⅳ	66. 富士Ⅴ	67. 名古屋Ⅰ	68. 豊橋Ⅳ	69. 豊田Ⅴ	70. 津Ⅴ	71. 四日市Ⅳ	72. 伊勢Ⅴ
73. 松阪Ⅴ	74. 上野Ⅴ	75. 彦根Ⅴ	76. 長浜Ⅴ	77. 京都Ⅱ	78. 福知山Ⅴ	79. 大阪Ⅰ	80. 神戸Ⅱ	81. 姫路Ⅲ
82. 和歌山Ⅳ	83. 田辺Ⅴ	84. 鳥取Ⅴ	85. 米子Ⅴ	86. 松江Ⅴ	87. 出雲Ⅴ	88. 岡山Ⅲ	89. 倉敷Ⅳ	90. 津山Ⅴ
91. 広島Ⅱ	92. 呉Ⅳ	93. 福山Ⅲ	94. 下関Ⅳ	95. 宇部Ⅴ	96. 山口Ⅴ	97. 松山Ⅴ	98. 岩国Ⅴ	99. 徳島Ⅳ
100. 高松Ⅳ	101. 松山Ⅳ	102. 今治Ⅴ	103. 新居浜Ⅴ	104. 高知Ⅳ	105. 北九州Ⅱ	106. 福岡Ⅱ	107. 大牟田Ⅴ	108. 久留米Ⅳ
109. 田川Ⅴ	110. 佐賀Ⅴ	111. 唐津Ⅴ	112. 長崎Ⅳ	113. 佐世保Ⅳ	114. 諫早Ⅴ	115. 熊本Ⅲ	116. 八代Ⅴ	117. 大分Ⅳ
118. 中津Ⅴ	119. 宮崎Ⅴ	120. 都城Ⅴ	121. 延岡Ⅴ	122. 鹿児島Ⅲ	123. 川内Ⅴ			

図 11-1　1995 年における SMEA の分布とその階層

各 SMEA 名の後のローマ数字はそれぞれの階層を示す．階層区分は1995年圏域における1965年の人口をもとに行い，300万人以上をⅠ，80万人以上をⅡ，50万人以上をⅢ，30万人以上をⅣ，30万人未満をⅤとした．なお，沖縄県は1970年以前の国勢調査報告が利用できないため，分析の対象外とした．
資料：国勢調査，徳岡（1998），山神（2006）より作成

　このSMEAは，1965年から1995年まで，10年おきの計4時点で設定されている（徳岡 1998）。ここでは，1995年時点のSMEAの圏域を用いて分析する。また，市町村界は平成の大合併が起きる以前の2000年のものを使用した。

　以上のようにして設定されるSMEAの分布を示したのが図11-1である。図中に示した各SMEAの階層は，山神（2006）との対応を考え，1995年設定のSMEA圏域における

第11章　都市内の人口分布

1965年の人口を基準として区分したもので，Ⅰが300万人以上，Ⅱが80〜300万人，Ⅲが50〜80万人，Ⅳが30〜50万人，Ⅴが30万人未満である。

11.2 都市圏の空間的拡大と人口分布の変化

表11-1は，ひとつのSMEA当たりの郊外市町村数を，郊外に設定された年次別に整理したものである。この表から，上位の階層ほどひとつのSMEA当たりの郊外市町村数が多く，郊外に設定される時期が早いことがわかる。つまり，都市圏の人口規模が大きいほど，都市化の進展した時期が早く，かつその空間的範囲が広いのである。

次に，SMEAの人口の推移を確認しよう。表11-2は，SMEA全体，中心都市，郊外の人口の平均を階層別に求めたものである。はじめに，中心都市，郊外それぞれの人口をみると，上位の階層ほど，中心都市・郊外ともに人口が多い。その中で，郊外が中心都市を上回るのは階層Ⅰだけである。

続いて，人口増加が相対的に大きい時期と人口が減少した時期をみていこう。まず，SMEA全体で増加が大きいのは，階層Ⅰ・Ⅱは1947〜1975年だが，階層Ⅲ・Ⅳ・Ⅴは1965〜1985年である。また，SMEA全体の人口が減少したのは1995〜2005年の階層Ⅴだけである。次いで，中心都市では，各階層とも1947〜1965年の増加が大きい。その後，階層Ⅰは，1995年まで人口が減少し続けたが，1995〜2005年に増加に転じた。一方，他の階層では，1965年以降もおおむね増加が継続した。これらに対し，郊外では，階層間の差が大きく，上位の階層ほど，人口増加の時期が早く，その増加幅も大きい。この中で，階層Ⅲ以下では，1955〜1965年に人口が減少しており，階層Ⅴでは1965〜1975年まで続く。加えて，階層Ⅴでは1995〜2005年も減少した。以上の結果，1947〜2005年の人口成長は，上位の階層ほど人口成長が大きく，階層Ⅰのみ，郊外が中心都市を上回る。

以上の人口の推移について，表11-1との関連を検討しよう。上位の階層でSMEAに設定された市町村が多いのは1965年と1975年であり，その時期に郊外の人口増加が大きい。これに対し，下位の階層でSMEAに設定された市町村が多いのは1975年以降であり，その時期の郊外の人口増加は相対的に小さい。したがって，大都市圏では，中心都市に就業する人が中心都市か国内他地域から郊外に大量に流入したことが主因となって，郊外が空間的に拡大したといえよう。それに対し，中小都市圏では，中心都市に就業する人の郊外への転出は小規模であり，かつ特定の市町村に集中していた。また，他の周辺市町村では，離農や兼業化が進展し，中心都市への通勤が増えたことによって中心都市への依存度が高まったことが郊外の空間的拡大を導いたと考えられる。こうしたことから，人口規模が大きいSMEAほど，人口増加の時期が早く，その規模も大き

表11-1 ひとつのSMEA当たりの郊外市町村数

階層	SMEA数	SMEAに設定された年			
		1965	1975	1985	1995
Ⅰ	3	49.3	24.0	7.7	2.3
Ⅱ	7	5.0	4.7	3.1	1.9
Ⅲ	11	1.6	4.3	3.6	3.8
Ⅳ	31	0.6	2.7	3.3	2.2
Ⅴ	28	0.4	1.5	1.5	1.4

注：SMEA数が少ないのは，1975年以降に新規に設定されたSMEAを対象外としたことによる。
資料：国勢調査，徳岡（1998），山神（1999）より作成

表 11-2 ひとつの SMEA 当たりの人口の推移

階層		1947	1955	1965	1975	1985	1995	2005	2005/1947*
I	SMEA 全体	5,098.5	7,088.8	10,074.3	12,891.2	14,170.0	15,008.4	15,790.0	3.10
	中心都市	2,254.6	3,645.7	4,661.6	*4,501.7*	*4,369.1*	*4,240.7*	4,444.5	1.97
	郊　　外	2,843.9	3,443.1	5,412.8	8,389.5	9,800.9	10,767.7	11,345.5	3.99
II	SMEA 全体	844.1	1,053.5	1,270.1	1,577.5	1,790.8	1,930.1	2,017.7	2.39
	中心都市	545.0	725.0	917.7	1,107.1	1,221.6	1,289.9	1,348.8	2.47
	郊　　外	299.0	328.5	352.3	470.4	569.2	640.2	668.9	2.24
III	SMEA 全体	511.9	565.5	619.0	718.4	794.6	833.4	851.6	1.66
	中心都市	255.2	304.5	359.8	433.0	476.0	498.6	511.5	2.00
	郊　　外	256.7	261.1	*259.3*	285.4	318.5	334.8	340.1	1.32
IV	SMEA 全体	333.6	362.1	380.2	424.9	460.8	475.8	478.7	1.43
	中心都市	178.6	207.1	231.2	266.8	288.0	295.2	*294.9*	1.65
	郊　　外	154.6	154.9	*147.7*	155.4	169.5	177.3	180.2	1.17
V	SMEA 全体	150.0	161.5	161.5	172.0	185.1	189.0	*188.4*	1.26
	中心都市	85.2	94.9	100.9	112.2	122.0	124.9	125.1	1.47
	郊　　外	62.3	63.7	*58.0*	*57.3*	60.6	61.5	*60.8*	0.98

注：単位は千人。表中において，斜体字はその前対象年から人口の平均値が低下したことを，アミ伏せ文字は各項目の中で相対的に大きく人口が増加したことを，＊は 1947 年の値に対する 2005 年の値の比を，それぞれ示す。なお，郊外は設定年次にかかわらず一括した。また，項目ごとに平均を求めたため，中心都市と郊外の和は SMEA 全体の値にはならない。
資料：国勢調査，徳岡（1998），山神（1999）より作成

かったため，人口の郊外分散が時期的に早く，空間的にも人口総量的にも大規模に展開したといえよう。

　以上の人口の郊外分散は，都心周辺での人口減少，すなわち人口のドーナツ化現象と関連する。この人口のドーナツ化現象も，大都市圏ほど空間的に広く展開したため，階層 I の中心都市は人口減少を記録するに至っている。一方，階層 II 以下の中心都市でも人口のドーナツ化現象が生じたが，その空間的範囲が狭かったため，中心都市の人口減少には至らなかった。こうした中で，1995 年以降，階層 I の中心都市で人口が再び増加し始めた。

11.3　都市内の人口分布の変動要因

　以上を踏まえ，戦後の日本では，どのようなことが要因となって都市内の人口分布が変化したのかを考察しよう。まず，戦後の経済復興期にあたる 1947 〜 1955 年では，人口規模を問わず，中心都市の人口が増加した。それは，等質地域としての市街地の拡大という，戦前から続く動向の延長といえる。

　その後，高度経済成長期前半の 1955 〜 1965 年，階層 I の SMEA の人口が急増したが，これは非大都市圏から大都市圏への大規模な人口移動の結果である。そして，この時期から，都市は結節地域としての都市圏の形成とその拡大という段階に突入した。また，前述した大都市圏での大規模な人口流入の主体は，世代規模の大きい団塊の世代である。

　この団塊の世代が結婚・出産に伴う住宅取得期を迎える 1965 〜 1975 年，大都市圏の郊外では，ニュータウン開発を含めて住宅が大量に供給され，人口の郊外への分散が急速に進展した。この背景として，都市交通のさらなる発展に加え，都市の経済成長に伴う地価

高騰により，都心に近い地域ほど住居費が上昇したため，より安価な居住機会を求めて，郊外に人口が流出したことも重要である。また，この地価高騰により，都心周辺の土地利用は，高い地代を得られる商業・オフィス機能に純化し，居住用スペースが減少したことから，人口のドーナツ化現象が進展した。加えて，核家族の増加や郊外の持家一戸建ての購入，モータリゼーションの進展など，新しいライフスタイルが日本に導入されたことも人口の郊外分散に拍車をかけた。

　1975年以降の大都市圏では，規模は縮小したものの，青年層の流入と定着，その後の結婚・出生が人口増加を導いて郊外での住宅需要を生み，人口の郊外分散を進展させた。とりわけ，バブル経済期の地価高騰は，住宅供給をより遠方のものとし，人口増加の大きい市町村も，都心から遠く離れていった。

　一方，階層Ⅱ以下のSMEAの人口成長は，階層ⅠのSMEAより遅れて展開した。地方ブロックの中心である広域中心都市や県庁所在都市の成長は，大都市圏より遅く始まったからである。それは，企業活動の全国化に伴う主要都市の拠点性の上昇や，工業の地方分散の進展，大都市圏からの人口のUターン移動やJターン移動などが要因であろう。

　また，郊外への人口分散も大都市圏より遅れて展開したが，中心都市内に宅地開発の余地が残されていたことやSMEAの人口増加が大都市圏に比して小さく遅いものであったことから，人口の郊外分散への圧力は相対的に弱かったと考えられる。また，人口のドーナツ化現象の空間的範囲は狭く，中心都市内の一部にとどまったため，中心都市の人口が減少するには至らなかった。

　以上のように，日本では，人口規模が大きい都市ほど人口増加の時期が早く大きかったため，人口の郊外分散も，時期的に早く，空間的範囲も広く，人口の量も大きいものであった。そして，それに対応して，人口のドーナツ化現象の空間的な範囲も，人口規模が大きいほど広いものであった。ただし，1995年以降，階層Ⅰの中心都市の人口が再び増加し始めた。日本社会が人口減少期を迎えた現在，人口の郊外分散が終焉を迎えて，中心都市への人口再集中化が起こり始めたことを示唆している。

11.4　都市発展のモデル化と今後の課題

　都市内の人口分布の変化は，世界の多くの都市で類似した動向を示すことから，都市の発展過程としてモデル化が進められてきた。その代表例として，クラッセン（Klaassen, L. H.）らの都市発展段階仮説を挙げることができる。

　都市発展段階仮説では，都市圏を中心都市と郊外に区分し，それぞれの人口の変化から，都市の発展段階を分ける（表11-3）。まず，都市圏の人口が成長し始め，中心都市の人口成長が郊外を上回る「都市化」段階で始まる。その後，都市圏が成長を続けて人口の郊外分散が進むと，郊外の成長が中心都市を上回る「郊外化」段階に入る。そして，中心都市の人口減少が進んで都市圏全体の人口が減少し始める「逆都市化」段階を経て，都市圏全体の人口が減少しつつも中心都市の人口減少が郊外を下回るか再び成長し始める「再都市化」段階に至る。以上の各段階はそれぞれ2つのタイプに分かれ，計8つのタイプが存在

表 11-3 都市の発展段階

発展段階	タイプ		人口の変化		
			中心都市	郊外	都市圏全体
都市化	1	絶対的集中	++	-	+
	2	相対的集中	++	+	+++
郊外化	3	相対的分散	+	++	+++
	4	絶対的分散	-	++	+
逆都市化	5	絶対的分散	--	+	-
	6	相対的分散	--	-	---
再都市化	7	相対的集中	-	--	---
	8	絶対的集中	+	--	-

タイプ1・2は都市圏の成長、3・4も都市圏の成長、5・6は都市圏の衰退

注：＋は人口増加を，－は人口減少を，それぞれの数は人口変化の大きさを示す
出典：山神（2003）より作成

する。また，この仮説では，都市化段階から順に各段階を経て再都市化段階に至り，その後に都市化段階が再開するという循環的なプロセスが想定されている。

この仮説をもとにして欧米諸国の都市圏をみると，1960年代までは都市化段階のタイプ2から郊外化段階のタイプ3の都市圏が多かったが，1970年代前半に郊外化段階のタイプ4に移行し，1980年代に逆都市化段階に入った（徳岡 2002）。一方，日本の都市圏では，階層Iでタイプ4に移行したものがあるとはいえ，多くはタイプ2かタイプ3にとどまる。加えて，日本では逆都市化段階の都市圏は少なく，近年は人口再集中化の兆しもある。したがって，クラッセンの仮説は，人口成長期の都市圏にしか適合せず，人口減少期の都市圏の動向は説明できないといえる（山神 2006）。

次に，ここまでの内容では，空間は明示的には示されていないが，都市内の人口分布では，都心から遠く離れるにつれて人口密度が低くなることが知られている。この点を確認すべく，都心からの距離帯別に人口の動向を示した（図 11-2）。

図の人口密度曲線に示されるように，都心から離れるにつれて人口密度が徐々に低下していく。また，その時間的変化をみると，都心部の密度が次第に低下するのに対して，郊外の密度は次第に上昇している。こうした傾向は世界の多くの都市で観察されている（山神 2001）。さらに，図の人口増加曲線に示されるように，人口成長の波は，その波高を徐々に低くしながら遠方に向かって移動する。この都心からの距離と人口増加との関係も，世界の多くの都市で観察されている（山神 2003）。

さて，以上の都市発展モデルも含めた本章の内容は，中心都市を唯一の中心とする単核的都市構造を前提としている。しかし，都市圏の郊外の一部には，周辺から就業者を集める市町村が出現してきた。つまり，都市の空間構造は，複数の就業上の中心を有する多核的な構造に変化してきたのである（金本・徳岡 2002）。加えて，グローバル化が進展した現在，欧米諸国の大都市では，特定の業種に専門特化した中心地を複数有する多核的なグローバル都市地域の出現が議論されている（スコット 2004）。

しかし，本章でみてきたように，日本の都市圏では近年，人口の再集中化傾向がみられる。加えて，日本社会は人口減少時代に突入した。これらを考えると，都市圏において，人口

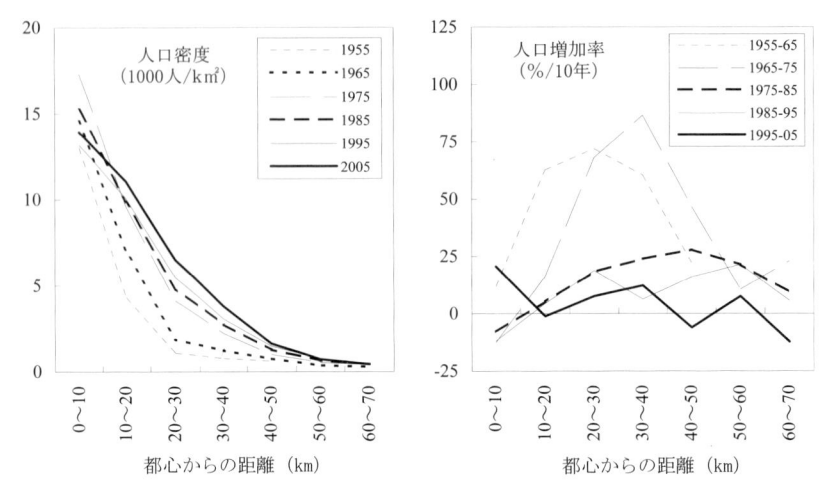

図11-2 東京の都心から70km圏内における距離帯別人口密度と人口増加率
千代田区にあった旧東京都庁の位置を都心とした．また，1955年とそれ以前では東京圏の圏外であると考えられるため，50km以遠のデータは掲げていない．各距離帯に含まれる地域は市区町村合併などにより変化するため，経年比較の厳密性に欠ける部分がある．
資料：国勢調査より作成

を郊外へ分散させる力は弱まっているであろう．その一方，高齢者の増大や世帯の多様化，移民の流入の増加という日本でも確認される現象は，欧米諸国では都市圏の多核化を導いているとみなされている．少子高齢化の進展による人口減少社会への突入という，これまでどの国も経験していない事態を迎えた日本において，今後の都市内の人口分布がどのように変化していくのか，他の人口現象や社会現象とのつながりも含め，検討すべき課題の多い研究対象である．

(山神　達也)

参考文献

金本良嗣・徳岡一幸 2002. 日本の都市圏設定基準. 応用地域学研究 7: 1-15.
スコット, A. J. 編, 坂本秀和訳 2004.『グローバル・シティ・リージョンズ―グローバル都市地域への理論と政策―』ダイヤモンド社.
徳岡一幸 1998. 1995年国勢調査結果に基づく標準大都市雇用圏とその課題. 同志社大学経済学部ワーキングペーパー 7.
徳岡一幸 2002. 都市の成立・発展. 山田浩之編『地域経済学入門』137-156. 有斐閣.
山鹿誠次 1981.『新訂 都市地理学』大明堂.
山神達也 1999. わが国における人口分布の変動とその日米比較. 人文地理 51: 511-528.
山神達也 2001. わが国の3大都市圏における人口密度分布の変化―展開クラークモデルによる分析―. 人文地理 53: 509-531.
山神達也 2003. 日本の大都市圏における人口増加の時空間構造. 地理学評論 76: 187-210.
山神達也 2006. 日本における都市圏の人口規模と都市圏内の人口分布の変動との関係―郊外の多様性に着目した分析―. 人文地理 58: 56-72.
山田浩之・徳岡一幸 1983. わが国における標準大都市雇用圏：定義と適用―戦後の日本における大都市圏の分析―(2). 経済論叢 132: 145-173.

12 大都市圏の人口地理

　高度経済成長期には，第1次ベビーブーム世代（団塊の世代）などの層の厚い世代が大都市圏に流入し，人口が急増した。彼らの多くは当初都心に住んだが，結婚・子どもの誕生を契機に，郊外に開発されたニュータウンなどの新興住宅地に居を構えた。郊外では若い夫婦と子どもからなる核家族が急増し，対応した消費文化が花開いた。しかし，その夫婦も高齢期にさしかかり，子ども世代の転出とあいまって，郊外では急速に高齢化が進行している。郊外住宅地では空家が発生しつつあるが，少子化で潜在的な住宅需要が大きく落ち込む一方で，利便性の高い物件の新規供給が続いていることから，郊外住宅地の一定割合がその歴史的役割を終える可能性が高い。

12.1　三大都市圏の人口

1) 三大都市圏の人口増加

　東京，大阪，名古屋の三大都市圏の人口は，1920年の第1回国勢調査以降，第二次世界大戦の時期を除いて一貫して増加してきた。内訳をみると，東京圏（埼玉県・千葉県・東京都・神奈川県）の人口は1920年には約768万人に過ぎなかったが，1950年には約1,305万人となった。高度経済成長期においては特に急速に増加し，1975年には約2,704万人に達した。その後は増加のペースがやや弱まり，2005年には約3,448万人となっている。大阪圏（京都府・大阪府・兵庫県・奈良県）と名古屋圏（岐阜県・愛知県・三重県）についても同様に1920年→1950年→1975年→2005年の人口変化をみると，大阪圏は約674万人→約976万人→約1,677万人→約1,848万人，名古屋圏は約423万人→約640万人→約942万人→約1,123万人と増加している。

　これについては，非大都市圏から大都市圏への人口移動が大きな要因である。高度経済成長期においては，第1次ベビーブーム世代（団塊の世代）やそれ以前の多産少死局面において生まれた規模の大きい世代が就職・進学の時期に差し掛かっており，経済成長を牽引する大都市圏側の旺盛な労働力需要とあいまって，この種の人口移動が増加した。

　図12-1は第1次ベビーブーム世代（団塊の世代）を含む1940年代後半生まれの世代が，年齢とともに非大都市圏から大都市圏へとシフトしていく様子を示したものである。幼少期には前者に居住する割合は後者の約2倍であったが，20～24歳時には逆転している。なお，その後30歳代にかけて両者の差が縮まるのは，非大都市圏への帰還移動（Uターン移動）が発生するためである。

　また，彼らのほとんどは大都市圏への転入後に家族を形成したことから，子どもが生まれることによる自然増加も加わって，大都市圏の人口は急速に増加した。日本の人口もこの間増加を続けたが，大都市圏での人口増加率は非大都市圏を上回り，この結果，三大都

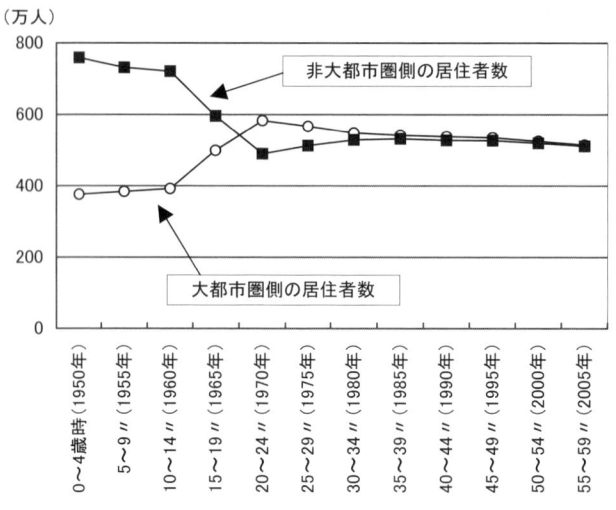

図 12-1 「1940 年代後半生まれ」世代の居住地域の変遷
資料：国勢調査

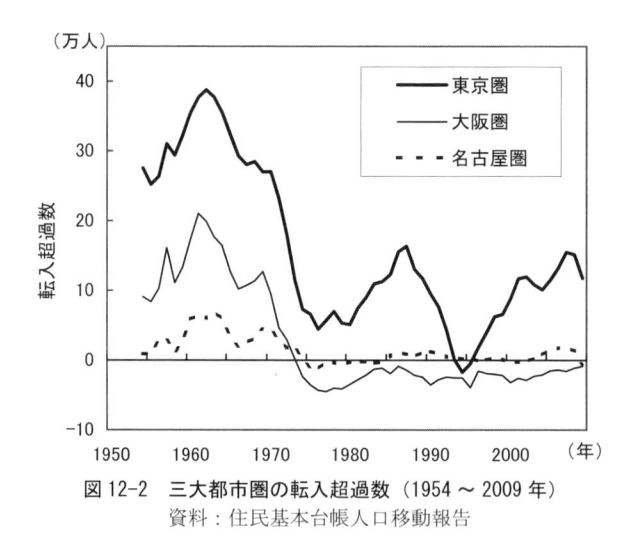

図 12-2 三大都市圏の転入超過数（1954 ～ 2009 年）
資料：住民基本台帳人口移動報告

市圏の人口が日本全体に占める割合は，1920 年には約 3 分の 1 であったが，2005 年にはほぼ半分（50.2％）にまで上昇した。

2) 東京圏への一極集中

しかしながら三大都市圏への人口流入は決して一様ではない。図 12-2 は東京圏・大阪圏・名古屋圏の転入超過数（転入数と転出数の差）を，1954 年から 2009 年までの期間についてみたものである。1950 年代後半～ 1970 年代前半の高度経済成長期においては，各大都市圏とも転入超過である。また，1970 年代後半に入ると転入超過数が大きく落ち込む点も三大都市圏で共通している。しかしながら 1980 年代以降は，東京圏が 1995 年前後を除いて相当数の転入超過を維持してきたのに対して，大阪圏，名古屋圏ではほとんど変化がみられない。また大阪圏では，1974 年以降わずかではあるが転出超過が続いている。

この結果，全国人口に占める割合を 1975 年と 2005 年についてみると，東京圏は 24.2% から 27.0% に上昇しているのに対して，大阪圏は 15.0% から 14.5% へと低下している。東京圏への人口の一極集中が進んでいることがわかる。

12.2 大都市圏人口の郊外化

前節で述べたように，大都市圏の人口はほぼ一貫して増加してきたが，高度経済成長期以降の変化を詳しくみると，郊外化と都心回帰という 2 つのステージを経験している。本節以降は東京圏を例に，これらの動きについて解説する。

1）東京圏の郊外化

ここでは便宜的に，東京圏のうち特別区部（23 区）を都心，東京圏の 1 都 3 県のうち特別区部以外を郊外と定義して論を進める。戦後の復興期において都心は順調な人口回復をみせ，1960 年には約 831 万人となった。一方，郊外も緩やかに人口が増え，同年に約 955 万人となっている。しかしながらその後は，郊外が爆発的な人口増加を記録したのに対して，都心の人口は伸び悩んだ。具体的には郊外の人口は，1975 年には約 1,840 万人と，わずか 15 年の間にほぼ倍増した。その後も順調な増加が続き，1995 年には約 2,461 万人に達し，東京圏の人口のほぼ 4 分の 3 を占めるまでとなった。一方，都心はおおむね緩やかな減少が続き，1995 年には 800 万人台を割り込み，約 797 万人となった。

先述のように，大都市圏の人口急増の主たる要因は，高度経済成長期における，第 1 次ベビーブーム世代（団塊の世代）などの規模の大きい世代の流入である。彼らは上京時には職場や大学等に近いアパート等に単身で居住し，結婚して子どもが出来ると，より広い居住スペースを求めて郊外へと移り住んだ（川口 2002；谷 2002）。住宅の 1 次取得，2 次取得，…を通じて多くが庭付き一戸建て住宅を取得したことから，この一連の動きは「住宅すごろく」とも称されることとなった。一方で 1955 年に設立された日本住宅公団や，各県の機関によって郊外各地にニュータウンが建設され，私鉄系資本などによる新興住宅地開発と併せて，彼らの受け皿づくりが進んだ。たとえば公団によるニュータウンの代表格ともいうべき多摩ニュータウンは 1971 年に，千葉ニュータウンは 1979 年に入居が開始されている。

図 12-1 と同様に 1940 年代後半生まれ世代が東京圏の都心と郊外にどれだけ住んでいたかを示したものが図 12-3 である。都心の居住者は 20 〜 24 歳時までは増加するが（非大都市圏から東京圏郊外へ直接流入する者も少なくないので，郊外も同時に増加している），それ以降は減少し，その分郊外居住者が増えていく。第 1 次ベビーブーム世代（団塊の世代）を中心とした世代が，1970 年代から 80 年代にかけて，次々に都心を離れて郊外へと移り住んでいく様子がわかるだろう。

2）郊外型ライフスタイルと人口構造

このようにして東京圏郊外には，第 1 次ベビーブーム世代（団塊の世代）などの規模の

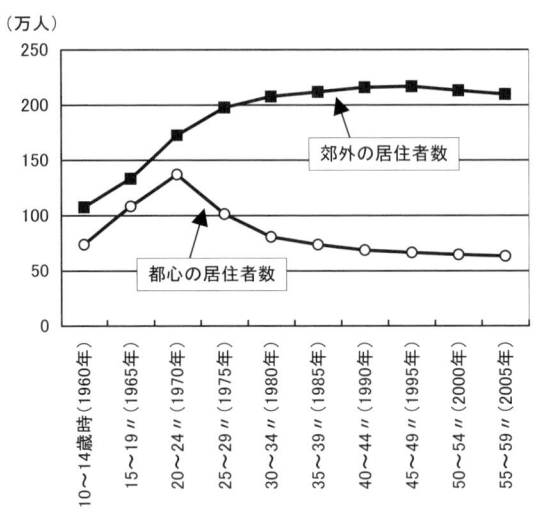

図12-3 東京圏における「1940年代後半生まれ」世代の居住地域の変遷
都心：東京都特別区部　郊外：1都3県（埼玉県・千葉県・東京都・神奈川県）から東京都特別区部を除いた地域
資料：国勢調査

大きい世代が集中して住むこととなった。また彼らは郊外への定着と前後して，当時の合計出生率からみて，おおむね平均2人程度の子どもをもうけた。もともと都心と比べると人口が希薄であった地域に，丘陵地を大規模に開発するなどして新興住宅地を造成し，彼らの受け皿として供した訳であるから，1970〜80年代の郊外各地では，若夫婦と幼い子ども（おおむね2人きょうだい）からなる核家族が占める割合がきわめて高くなった。

したがって郊外地域では，そのような家族に対応した消費文化が花開くことになる。その代表的な業態がファミリーレストランである。たとえば「すかいらーく」は1970年に府中市に1号店が開店，その後1970年代に計149店舗を出店したが，そのうちの144店が，本章でいう東京圏郊外地域への出店であった（三浦1995）。この他にも東京圏郊外においてはモータリゼーションに対応した各種のロードサイドビジネスが展開し，団塊の世代や団塊ジュニア世代に対してさまざまな商品・サービスが供給された（西村1994）。

このような新たな業態の急拡大の背景にあるのは，郊外地域における特定の年齢層に偏った人口構造である。つまりは若夫婦と幼い子どもの2ヶ所の年齢層が突出した人口ピラミッドを郊外地域が有している，という点である。このことはいうまでもなく公共サービスの需要にも大きく影響する。郊外地域では，新興住宅地に移り住んだ家族の子ども達が学齢期に達すると，まずは小学校の教室が急速に不足する。そして，彼らの成長とともに，続いて中学校，高校が不足する。それに対応して校舎の増築や学校の新設が行われるが，当然彼らの成長とともにまずは小学校の教室が余剰となり，続いて中学校・高校も余剰となる。昨今，郊外地域において学校の統廃合が進む背景には，このような人口構造があることを理解する必要がある。

前出のファミリーレストランにしても，子どもの成長，独立とともに需要が減退し，都心など他地域への進出や業態の変更など方向転換を余儀なくされた。特定の年齢層に偏っ

た人口ピラミッドは，その地域において一過性の需要を次々に生み出していく，というメカニズムを理解する必要がある。一時の必要性のために学校が建設され，それが廃校となることが，資源の有効利用の観点からも問題であることは言うまでもないであろう。サステイナビリティー（持続可能性）が重視されるこれからの世界においては，人口ピラミッドを（減少していくことがやむをえない高齢層を除いて）平坦化することが望まれるゆえんである。

12.3　郊外化の終焉と都心回帰

1）人口の都心回帰

このように前世紀後半のかなりの期間においては，東京圏の人口変化は，おおむね郊外化の一語に集約される状況であった。ところがこの構図が，1990年代後半に入って大きく変化する。1985年以降の都心と郊外各地域の転入超過数の変化を示したものが図12-4である。大幅な転出超過となっていた特別区部が，1990年代後半に急激な回復をみせ，1997年には実に34年ぶりの転入超過となった。その後も転入超過数は順調に拡大し，ピーク時の2007年には約8万人に達した。

特に，バブル経済期を中心に，いわゆる地上げを伴うオフィスビルへの転換などによって人口が大きく流出していた千代田区・中央区・港区では人口が急回復した。たとえば中央区では1990～95年の人口増加率は－6.1％であったが，1995～2000年には＋13.5％という大幅な人口増加に転じた。

このような人口の都心回帰については，マスコミを中心に，中高年層が主たる担い手であるとする論調がみられた。たとえば週刊エコノミスト2001年4月24日号には，都心の高層マンションの売れ行きが好調であるとする記事のタイトル中に「子育てを終えた郊外居住熟年層の都心回帰」との表現がみられる。

しかしながら国勢調査の年齢別人口移動データの集計に基づけば，1980年代後半と1990年代後半の比較において，郊外からの流入が増えているのは20歳代後半から30歳

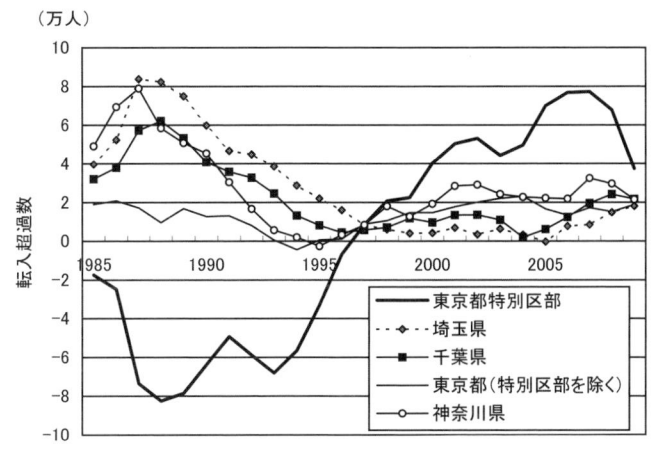

図12-4　東京圏都心と郊外の転入超過数（1985～2009年）
資料：住民基本台帳人口移動報告

代の比較的若い年齢層であった。ここには，郊外で生まれ育った第2次ベビーブーム世代あるいは団塊ジュニア世代が含まれる。彼らの親たちが，都心で学生時代や就職後しばらくの時期を過ごし，その後結婚，子どもの誕生に伴い，より広い住居を求めて郊外へと移り住んで行ったのとは逆に，彼ら「郊外第2世代」は，独立，結婚を機にその住居を都心へと定めることとなったのである。

またそもそも，1990年代後半に都心が転入超過となったのは，流出の減少が大きな要因である。主として18歳前後の若者が進学・就職を機に東京圏の外から都心に流入してくる構図には，高度経済成長期の後も大きな変化はない。しかし1980年代後半までは，住宅取得などをきっかけとした郊外への流出が顕著であったが，1990年代後半にはこの動きがかなり弱まっている。また出身地へのUターン移動も減少したとみられ，結果として東京圏外への流出も減少した。つまりUターンや，かつて多くみられた郊外への再移動が減って東京圏外出身者が都心に引き続きとどまるようになったことが，人口の都心回帰の大きな要因なのである（江崎 2006: 83-90）。

2）都心回帰の背景

東京圏外の出身者が，かつてのように郊外へ再移動しなくなったこと，また，郊外で生まれ育った「郊外第2世代」が都心に住むようになったことが，人口の都心回帰の要因であることを前項で述べた。これらの背景としてはまず，バブル経済崩壊後の地価低下局面において，都心にも比較的手ごろな住宅が供給されたことが挙げられる。長谷工総合研究所の「都内23区における分譲マンション市場動向」によると，23区内の分譲マンション新規供給戸数は，1990年代の前半には約4万6千戸に過ぎなかったが，1990年代後半には約12万6千戸へと急増している。また平均価格も1990年に約8,500万円であったものが，2000年には約4,600万円へと，およそ半分に下がっている。

一方で，家族のあり方の変化も住居選択に大きく影響したと考えられる。1970〜80年代に郊外の新興住宅地に次々と居を構えた「郊外第1世代」では，「都心に通うサラリーマンの夫と専業主婦（あるいはパート勤め）の妻」という夫婦が典型であったのに対して，最近の若い世代では共働きが増えている。家事・育児をこなしながらの共働きは，多忙を極めることは言うまでもなく，できるだけ職住近接となる居住地を志向するだろう。そのことが，都心居住を促進していると考えられる。また，最近の若い世代は親世代と異なり未婚率が高く，外食や芸術鑑賞など，都心ならではの消費文化を楽しみながら独身生活を送る者も少なくない。これらのことから近年では男性だけでなく，女性単身者のマンション購入も増えている（由井 2002）。

12.4　大都市圏人口のこれから

1）郊外人口の急激な高齢化

前節において，1970〜80年代を中心に，第1次ベビーブーム世代（団塊の世代）などの層の厚い世代が，ニュータウンに代表される新興住宅地に続々と居を構えたことを述べ

た。第1次ベビーブーム世代（団塊の世代）の先頭である1947年生まれが2012年に65歳となることからもわかるように，彼ら「郊外第1世代」も高齢期にさしかかりつつある。彼らと，彼らの子どもたち「郊外第2世代」以外の年齢層が相対的に薄い郊外地域では，当然のことながら，これまでのところ老年人口は多くない。したがって今後郊外においては，「郊外第1世代」が高齢期に入っていくことで，老年人口が急激に増加することになる。

国立社会保障・人口問題研究所の『都道府県別将来推計人口（平成19年5月推計）』によると，2005年から2020年までの15年間に，埼玉県では老年人口が約69％増加する。同様に千葉県が約63％，神奈川県が約58％という大幅な増加となっており，東京圏の郊外3県が47都道府県中のトップ3を独占している（一方で，すでに高齢化の進んでいる地方の県では，島根県の約14％増，山形県の約15％増など，今後老年人口はあまり増えない）。

また前節でみたように，「郊外第2世代」はその一定割合が都心に住むようになっている。このような若年人口の流出に伴い，郊外においては老年人口割合の上昇にさらに拍車がかかっている。

今後郊外では，高齢者の急激な増加に，福祉施設などの整備が追いつかない状況が懸念される。また，モータリゼーションを前提に設計され，多くが丘陵地など起伏の大きい土地に造成された郊外住宅地では，自家用車を運転できなくなった高齢者に，買い物や通院の足をどのように提供していくかが課題となるだろう。この際，退職者の増加によって定期収入の見込めなくなった民間バス会社は経営に余裕がないことから，公的なサービスの供給が必要となるだろう。一方，各自治体では，郊外第1世代の退職と第2世代の転出によって，税収をもたらす現役層が縮小する。高齢化に伴い各種施策へのニーズが増す一方で，税収は落ち込むこととなり，郊外の自治体においては今後財政状況が急速に悪化することが懸念される。

2) 郊外住宅地の今後

ここでは郊外地域の個々の住宅地の状況から，上記のような問題点が，より先鋭化する様子をみていく。

ここで採り上げる住宅地は神奈川県内にあるA住宅地である。A住宅地は東京都心から直線距離でおおむね50kmの距離に位置する小田急線沿線の住宅地であり，最寄り駅からバスで12分ほどを要する。1970年代に開発され，約750軒の戸建住宅からなる，統一的景観を有する典型的な郊外住宅地といえる。

このA住宅地の2000年と2005年の人口ピラミッドをみたものが図12-5である。元来A住宅地の年齢構造は「郊外第1世代」と「第2世代」に極端に偏っており，両年次の比較から，この住宅地でも「第2世代」の流出が進んでいることがわかる。また「第1世代」についても詳しくみると，この年代で想定される死亡率を超えて減少していることから，若干ではあるが転出しているものとみられる。これを裏付けるように，現地調査から，A住宅地では空家が発生しつつあることがわかった。子どもの独立とともに広い居住スペー

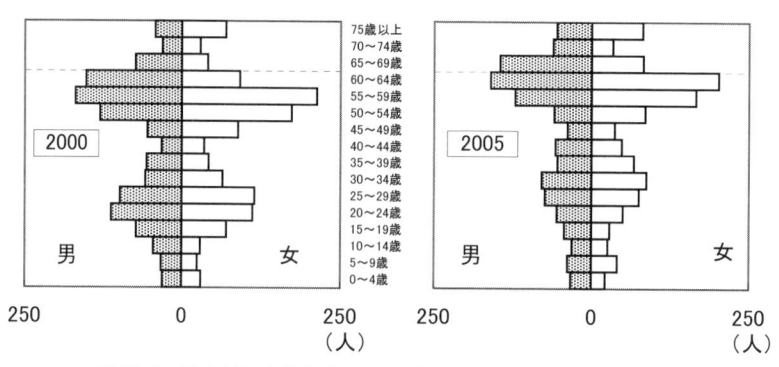

図12-5 神奈川県A住宅地の人口ピラミッド（2000年・2005年）
資料：国勢調査

スが不要となることもあり，老後を見越して，より利便性の高い駅周辺のマンションあるいは老人ホームに転居するケースが少なくないものと考えられる。これらの空家の中には管理が行き届かず，雑草が生い茂っているものもあり，住宅地の景観を損ねている。

　日本でこれから世帯形成期を迎えるのは，平均きょうだい数2人未満のいわば少子化世代であり，理論上は全員が，自分の親か配偶者の親の家を継承できる。次男，三男などが多く，自らの住む家を新たに確保する必要に迫られていた「郊外第1世代」とは大きく異なる点である。したがって「第1世代」が郊外に続々と居を構えた1970～80年代と比べて，潜在的な住宅需要は現在大きく落ち込んでいる。一方で都心におけるマンションの建設は続いており，同じ郊外でもより利便性の高い駅近辺での物件供給が進んでいる。

　図12-5から明らかなように，A住宅地では今後「第1世代」がまとまって高齢者となり，死亡や老人ホームへの転居などに伴い，空家はますます増加するだろう。しかしながら，より魅力的な物件の供給が続く中では，住宅市場におけるA住宅地の競争力は，弱いと言わざるを得ない。さらに，前述のように財政が悪化する郊外の自治体では，インフラの維持管理の効率化等を目的として，中心市街地に住宅や商店を集約していく，いわゆるコンパクト・シティ政策が推進されるであろう。これらのことから，かつての新興住宅地のうち一定の割合は，その歴史的役割を終える可能性が高いと考えられる。

（江崎　雄治）

参考文献

江崎雄治 2006.『首都圏人口の将来像－都心と郊外の人口地理学－』専修大学出版局.
川口太郎 2002. 大都市圏における世帯の住居移動. 荒井良雄・川口太郎・井上　孝編『日本の人口移動－ライフコースと地域性－』91-111. 古今書院.
谷　謙二 2002. 大都市圏郊外の形成と住民のライフコース. 荒井良雄・川口太郎・井上　孝編『日本の人口移動－ライフコースと地域性－』71-89. 古今書院
西村　晃 1994.『日本が読める国道16号－経済記者の新マーケティング論－』双葉社.
三浦　展 1995.『「家族と郊外」の社会学－「第四山の手」型ライフスタイルの研究－』PHP研究所.
由井義通 2002. 都心居住－シングル女性向けマンションの供給－. 若林芳樹・神谷浩夫・木下禮子・由井義通・矢野桂司編『シングル女性の都市空間』151-169. 大明堂.

13 地方圏の人口地理

　今日，非大都市圏の大半の地域において過疎化や高齢化が構造的に進行している。本章では非大都市圏のうち，こうした地域を特に地方圏と称し，この圏域の人口地理について論じる。
　地方圏から大都市圏への人口移動は明治時代から続いていた。戦前期においては高い出生率により地方圏の人口も増加し，地域の衰退を招くことはなかった。しかし，戦後における高度経済成長期には地方圏から大都市圏への人口流出が大量かつ急激となり，過疎・過密の問題を生んだ。高度経済成長期以降も地方圏の流出傾向は続いたが，大都市圏においては東京圏のみが突出した流入傾向にあり，一極集中がみられる。一方，地方圏における縁辺集落では，消滅集落や消滅が危惧される限界集落が出現するほど衰退する集落も出現した。

13.1　戦前期における地方圏と大都市圏の人口変動

　明治維新を契機とする日本の近代化は，非大都市圏（大都市圏以外の36道県）の人口を大都市圏（東京圏・名古屋圏・大阪圏の11都府県，都府県名は図13-2脚注に記す）に流出させた。この傾向は今日も続いているが，第二次世界大戦までの時期は大都市圏への人口集積が比較的緩やかであったことと，それによる地方圏の衰退がみられなかったことに特徴がある（阿藤2000）。
　明治時代の人口分布は1871年の戸籍法に基づいて作成された1872年の壬申戸籍によって知ることができる。これによれば，人口100万人以上を有する国は，武蔵（現在の東京都・埼玉県・川崎市・横浜市等，約197万人），越後（新潟県，約137万人），肥前（佐賀県・長崎県，約108万人）の3ヶ国のみである。これに続く90万人以上の国は，肥後（熊本県，約95万人），信濃（長野県，約92万人）の2ヶ国，70万人以上の国は，伊予（愛媛県，約77万人），尾張（愛知県西部，約73万人），摂津（大阪府北中部の大半・兵庫県南東部，約73万人）の3ヶ国である。
　このことから，明治初期の人口集積地域は現在と大きく異なることがわかる。現在において大都市圏の中核地域に相当する武蔵，摂津，尾張は当時すでに人口集積地域であったが，これらの国と同等の人口が越後，肥前，肥後，信濃，伊予に集積していた。信濃を除けばいずれも広大な平野を有しており，当時は米の生産量に比例して人口が集積していたことがわかる。
　その後，日本は自然増加率（＝出生率－死亡率）の上昇にともない，緩やかに人口が増加していった。これは，明治政府の近代化政策の下，殖産興業や富国強兵をスローガンに産業社会化が定着し，経済発展が進んでいったからである。これにともない人口の都市化（都市人口割合の上昇）が緩やかに進んだ。1940年の時点で人口100万人以上の都市は，

東京（678万人），大阪（325万人），名古屋（133万人），京都（109万人）の4都市であり，横浜（97万人），神戸（97万人）も100万人に迫る規模であった。これらの都市は産業社会化にともなって工業が集積した都市か，港湾機能が発達した都市である。この他，中小都市も成長し1888年には15.0%であった都市人口割合（市に居住する人口の割合）が，1940年には36.4%にまで増加している。

このように，戦前期は大都市圏への人口集積が続いたものの，多くの非大都市圏の人口も増加しており，1888年に2,850万人であった非大都市圏の人口は1940年には4,499万人となった。その理由として，地方圏における高い出生率が挙げられる。一方で，都市における合計出生率は一般的に低く，戦前期における大都市圏の自然増加率は低かった。それを補うように地方圏から大都市圏へ人口は流入したが，地方圏における高い自然増加率が人口を増加させ，現在のように地方圏の衰退にはつながらなかった。

13.2 高度経済成長期における地方圏からの人口流出

第二次世界大戦直後は大都市の産業施設が空襲により破壊され，都市の雇用機会は大きく減少した。あわせて，食糧難や物価高騰などから都市住民が出身農村へ帰郷していった。このため，1945年から1950年頃まで，大都市圏の人口は相対的に縮小し，地方圏は人口を増加させた。

しかし，1950年の朝鮮戦争特需を契機として，日本は経済復興を遂げ，その後，1973年のオイルショックまで高度経済成長期に突入した。この間，地方圏から東京・大阪・名古屋の大都市圏への急激な人口移動がみられた。図13-1に戦後日本における各地方ブロックの人口変化と今後の予測を示した。

同図によれば，1950年以降，1990年までの間，日本の人口は急激に増加していることがわかる。また，地方ブロックごとに人口の増減が異なっていることも明確である。1950年の時点においては南関東の人口は九州・沖縄と，近畿の人口は東北の人口とそれぞれほぼ同規模であった。しかし，1970年までの間に南関東および近畿の人口比率が急激に高まっている。具体的には，南関東では対全国比のシェア率が15.5%から23.0%に上昇しており，近畿は13.8%から16.6%となっている。これに対し，九州・沖縄は15.5%であったシェア率が12.4%に減少し，東北も13.7%であったものが10.9%となっている。この傾向は他の地方ブロックにおいても同様であり，中国は8.1%から6.7%へ，四国は5.0%から3.7%に減少させている。

このような人口変動は，東北や九州・沖縄といった国土の周辺部から，南関東や近畿といった中核部への人口移動がみられた結果である。その背景には，第2次・第3次産業の成長と，それに伴う産業別就業人口構成が転換したためである。これらの産業が集積する大都市圏へは地方圏から急激かつ大量の人口流入がみられた。地方圏から大都市圏への人口流出の中には，1950年代中頃からはじまった集団就職（中学卒業生が地域ごとに集団就職列車などで大都市へ就職した現象）も含まれている。当時，卒業式を終えたその足で大都市へ向かっていく光景もみられたほどである。

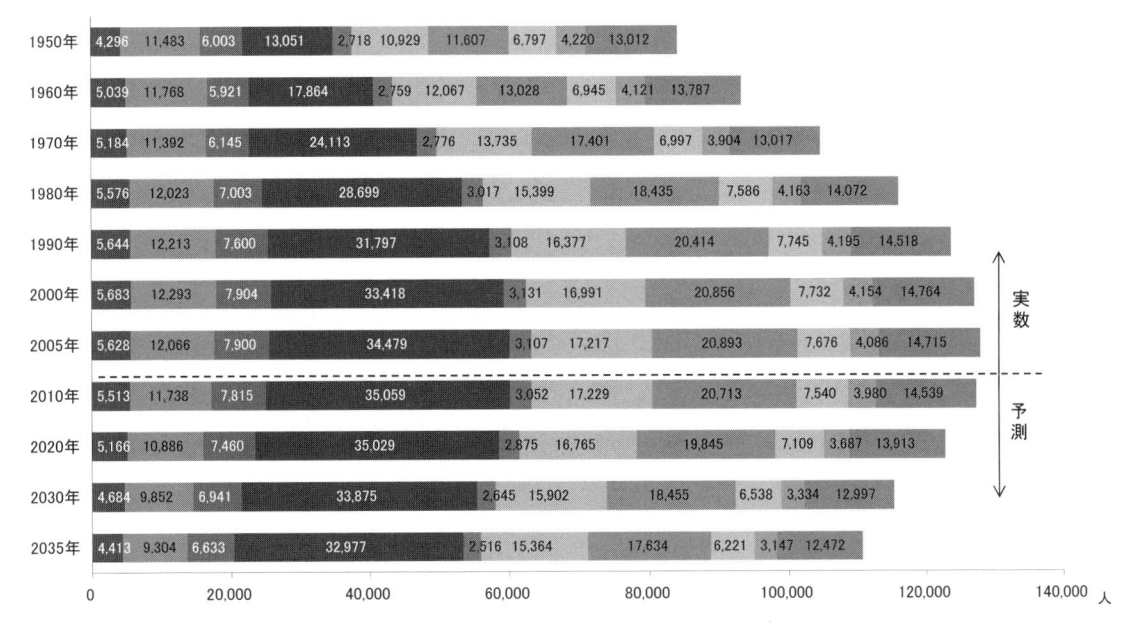

年	北海道	東北	北関東	南関東	北陸	中部	近畿	中国	四国	九州・沖縄
1950年	4,296	11,483	6,003	13,051	2,718	10,929	11,607	6,797	4,220	13,012
1960年	5,039	11,768	5,921	17,864	2,759	12,067	13,028	6,945	4,121	13,787
1970年	5,184	11,392	6,145	24,113	2,776	13,735	17,401	6,997	3,904	13,017
1980年	5,576	12,023	7,003	28,699	3,017	15,399	18,435	7,586	4,163	14,072
1990年	5,644	12,213	7,600	31,797	3,108	16,377	20,414	7,745	4,195	14,518
2000年	5,683	12,293	7,904	33,418	3,131	16,991	20,856	7,732	4,154	14,764
2005年	5,628	12,066	7,900	34,479	3,107	17,217	20,893	7,676	4,086	14,715
2010年	5,513	11,738	7,815	35,059	3,052	17,229	20,713	7,540	3,980	14,539
2020年	5,166	10,886	7,460	35,029	2,875	16,765	19,845	7,109	3,687	13,913
2030年	4,684	9,852	6,941	33,875	2,645	15,902	18,455	6,538	3,334	12,997
2035年	4,413	9,304	6,633	32,977	2,516	15,364	17,634	6,221	3,147	12,472

（2005年までは実数、2010年以降は予測）

図13-1　地方ブロック単位の人口変化

地方ブロックは以下のとおり区分している。
　　北海道地方：北海道
　　東北地方：青森，岩手，宮城，秋田，山形，福島，新潟
　　北関東地方：茨城，栃木，群馬，山梨
　　南関東地方：埼玉，千葉，東京，神奈川
　　北陸地方：富山，石川，福井
　　中部地方：長野，岐阜，静岡，愛知，三重
　　近畿地方：滋賀，京都，大阪，兵庫，奈良，和歌山
　　中国地方：鳥取，島根，岡山，広島，山口　　四国地方：徳島，香川，愛媛，高知
　　九州・沖縄地方：福岡，佐賀，長崎，熊本，大分，宮崎，鹿児島，沖縄
資料：1950～2005年は国勢調査，2010年以降は国立社会保障・人口問題研究所の将来人口推計に基づいて作成

　このように，大都市圏への人口移動は，大量の労働力を必要とする産業配置や高賃金が担保されていたというプル要因（人口を引きつける要因）が働いていた。一方で，地方圏にもプッシュ要因（人口を押し出す要因）が存在していた。すなわち，多産少死の人口構造のもとでは，地方圏において増加する人口を支えられるキャパシティーを超えていったのである。当時の地方圏では農業を中心とする第1次産業が卓越していたが，生産財である土地を新たに開墾するには限界があった。そのため，長男を中心とする跡継ぎ以外は土地を所有することが難しく，地方圏から排出される可能性をもっていたのである。これを伊藤（1984）は潜在的他出者と呼び，実際に多数の人口が大都市圏へと流出していった。

13.3　安定成長期における地方圏の人口

　1973年のオイルショックにより高度経済成長は終わりを告げ，日本全体の総移動数は縮小していった。しかし，安定成長期においても，非大都市圏から大都市圏への人口流

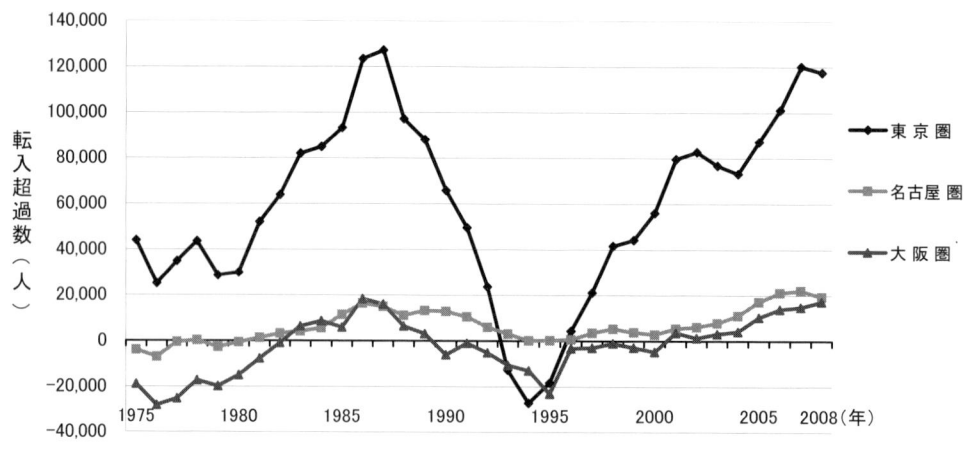

図 13-2　非大都市圏から大都市圏への転入超過数（1975～2008 年）

地域区分は次のとおりである.
　東京圏：埼玉，千葉，東京，神奈川　名古屋圏：岐阜，愛知，三重
　大阪圏：京都，大阪，兵庫，奈良
　資料：住民基本台帳人口移動報告年報により作成．大都市圏間の移動は含まれない．

出基調は変わらなかった．図 13-2 に非大都市圏から大都市圏への人口移動（転入超過数）を示した．これによれば，1987 年をピークとする東京圏の転入超過が目を引く．いわゆるバブル経済の時代であり，この時期に地方圏は「第 2 の過疎」ともいえる人口流出に見舞われている．しかし，高度経済成長期には非大都市圏からの移動の大きな受け皿であった大阪圏，名古屋圏の転入超過数はわずかな値となっている．これに対して，東京圏の転入超過は著しく，いわゆる東京一極集中の構図を端的に示している．

　その後，1990 年代に入るとバブル経済は崩壊し，1993 年～1995 年には東京圏でも転出超過に陥った．この間，数年間にわたり非大都市圏は転入超過となっている．バブル経済崩壊により，東京圏から地方圏への人口分散や地方圏からの人口流出の減少がみられた可能性が大きい．ところが 1996 年度以降，東京圏は再び転入超過となり，今日に至っている．これに対し，非大都市圏は転出超過が極端に進み，地方圏が疲弊する要因となっている．

　また，図 13-3 は全国と過疎地域における産業別就業者数の推移である．これによれば，全国の就業者について，第 2 次産業は緩やかに減少しているのに対し，第 3 次産業は増加し続けている．高度経済成長期以降の人口吸引力は製造業や建設業といった第 2 次産業ではなくなり，サービス経済化が進行していることを示している．一方，過疎地域であっても第 1 次産業就業者減少の一途をたどっており，第 2 次産業就業者も減少傾向にある．これに対して，第 3 次産業就業者はほぼ横ばいであり，相対的な割合を伸ばしている．すなわち，過疎地域においてもサービス経済化は進展していることを示している．その結果，非過疎地域と過疎地域は同様の産業構造を指向することとなり，さまざまな面で条件が有利な非過疎地域へ人口が流出する要因となっている．

　このように，人口移動は経済の動向ときわめて密接に関係しているといってよい．また，高度経済成長期以降，大学などの高等教育機関への進学率は年々増加しており，今日では

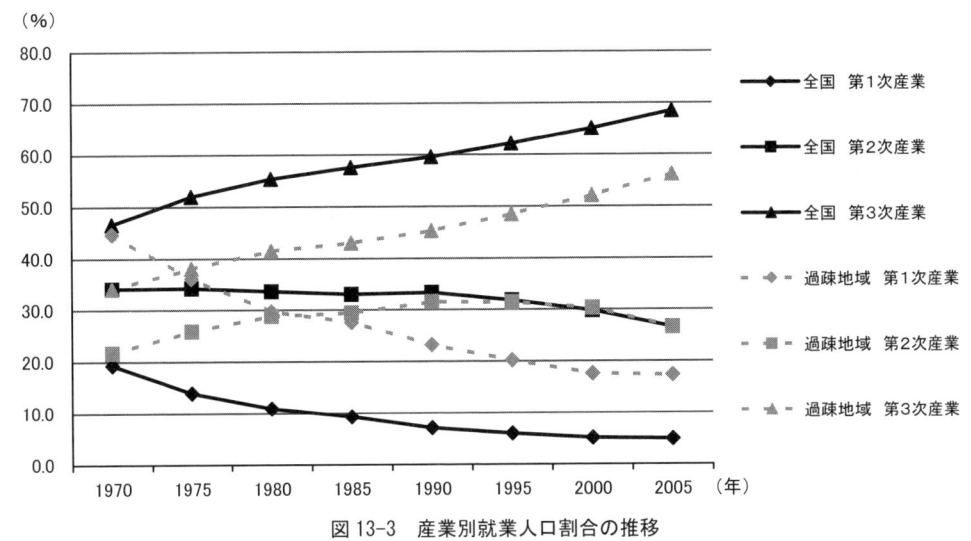

図 13-3　産業別就業人口割合の推移
過疎地域は 2007 年 4 月 1 日現在。2005 年度については「一部過疎地域」に該当するためデータを取得できない地域が 194 地域ある。
資料：国勢調査

四年制大学への進学率は50％を超えている。地方圏にも大学は立地しているが，高校卒業者の多数が地方圏を離れ，大都市圏に進学しているのが実態である。彼らは，大学卒業後に出身地に戻らず，そのまま大都市圏に居住し続ける傾向が強い。かつては，職業を求めての向都離村（都市へ移動するため農村地域から流出すること）が多かったが，近年では地方圏からの人口流出において，進学が契機となっていることも看過できない。

13.4　地方圏における過疎化と集落の問題

　高度経済成長に伴う大都市圏へ人口が集中した結果，これらの地域では過密化が問題視された。住宅の不足，教育施設の不足，交通機関の混雑，廃棄物の処理など，大都市ではそれらの対策に追われた他，工場から流出する汚水，大気汚染，騒音，振動など公害についても注目された。

　これに対して地方圏では人口が急激かつ大量に流出していった。この結果，農山村を中心に生活機能や社会機能が剥奪され，当該地域で居住することが困難な状況に見舞われた。ただし，その実態には地域差があり，東日本と西日本とでは異なっている。東日本は伝統的に出稼ぎが多く，西日本ほど極端な人口流出に見舞われなかった。そのため，東日本では世帯構成員が次第に減少する「なし崩し的過疎」（三井田 1994）が多かった。これに対して，西日本では主要な労働市場である京阪神，山陽，北九州などの大都市に比較的近い距離にあったため，世帯構成員の全員が転出する「挙家離村」が多くみられた。

　このように，山間地や離島・半島地域では1960年代から人口の急減により社会機能の維持が困難な状況に陥った。しかし，当時はこうした状況を言い表す用語が存在していなかった。その後，1966年に経済審議会地域部会の中間報告においてはじめて「過疎」と表現された。同報告書には「人口減少地域における問題を『過密問題』に対する意味で『過

疎問題』と呼び，過疎を人口減少のために一定の生活水準を維持することが困難になった状態，たとえば防災，教育，保健などの地域社会の基礎的条件の維持が困難になり，それとともに資源の合理的利用が困難となって地域の生産機能が著しく低下した状態」（一部改変）と定義されている。

　こうした状況を受け，1970年に過疎地域対策緊急措置法（いわゆる過疎法）が制定された結果，過疎という言葉は社会的に認知されるようになった。ちなみに，過疎法は10年の時限立法であったが，1980年以降も過疎地域振興特別措置法，過疎地域活性化特別措置法，過疎地域自立促進特別措置法と次々に名前を変えながら過疎地域に対する優遇措置を講じてきた。2010年3月31日には現過疎法が失効する予定であったが，国会において6年間の延長が認められた。今日，純粋な意味での過疎地域と，過疎法が定める過疎指定地域は異なるものの，後者が市町村単位で指定されることで統計が得られやすいことなどの理由で，過疎指定地域をもって過疎地域と認識される傾向が強まっている。

　現在，過疎指定地域の面積は全市町村の58.7%と2分の1を超えているのに対して，人口はわずかに8.9%に過ぎない。今日では離島地域，半島地域をはじめ，農山村地域の大半が過疎地域となっている。これらの地域は平地が少なく，生産および居住が困難な条件不利地域が多い。このような状況に対し，藤田（1981）は「社会的空白地域」と表現し，人々が居住していても地域が機能しない状況を説明した。しかし，これまでの過疎対策でこれらの地域では道路が整備され，生活環境も大幅に改善された。今日ではかつてのように農山村地域の住民が相互に支えあって生産や生活を行わなくても，個別の世帯で対応が可能であれば地域を離れる必要がない時代となった。そのため，過疎という概念では地域の実態を説明することが難しくなっており，これに代わって中山間地域という表現が多用されつつある。

　さて，高度経済成長期に地方圏では過疎問題が深刻化し一部の集落は消滅したものの，多くの集落では一定数の世帯が残存した。これらの世帯では，農林水産業を主業としながらも，出稼ぎや建設業などにおいて日雇い労働に従事し，当該集落に居住し続けた。過疎が猛威をふるった1965年を基準とすると，2010年において既に45年が経過したことになる。当時働き盛りの40歳の世帯構成員は85歳を迎えている。

　現在，過疎地域の集落からは流出人口は少ないが，残存人口の加齢に伴う自然減少が顕著である。都市や過疎地域の中心集落まで極端に離れた縁辺集落では，教育機関や職場へのアクセスが困難で，実質的に若い世代が居住できない集落も多数存在している。大野（2005）はこれらの集落を「限界集落」と称したが，その背景には集落の盛衰を動態的にとらえ，集落の消滅を念頭に置いている。大野（2008）では居住者の年齢構成とともに，共同体としての機能が維持されているか否かで集落の状態区分を試みている（表13-1）。

　このような縁辺集落の限界化は以前から指摘されていたが，2000年代中頃になって急速に社会問題化するようになった。それは，国が行う多くの統計において2009年を境に日本は人口減少社会に突入したと報告されており，都市も含めて人口が減少するという実感が国民に少しずつ浸透しはじめたことが底流にある。

表 13-1 集落の状態区分とその定義

集落区分	量的定義	質的定義
存続集落	55 歳未満人口 50%以上	跡継ぎが確保されており，共同体の機能を次世代に受け継いでいける状態
準限界集落	55 歳以上人口比 50%以上	現在は共同体の機能を維持しているが，跡継ぎの確保が難しくなっており，限界集落の予備軍となっている状態
限界集落	65 歳以上人口比 50%以上	高齢化が進み，共同体の機能維持が限界に達している状態
消滅集落	人口・戸数が 0	かつて住民が存在したが，完全に無住の地となり，文字通り集落が消滅した状態

資料：大野（2008）より作成

表 13-2 消滅の可能性別集落数

圏域	10 年以内に消滅	いずれ消滅	存続	不明	計
北海道	23	187	3,365	423	3,998
東北圏	65	340	11,218	1,104	12,727
首都圏	13	123	1,938	437	2,511
北陸圏	21	52	997	603	1,673
名古屋圏	59	213	2,715	916	3,903
近畿圏	26	155	2,355	213	2,749
中国圏	73	425	10,548	1,505	12,551
四国圏	90	404	5,447	654	6,595
九州・沖縄圏	53	321	13,801	1,391	15,566
全　国	423	2,220	52,384	7,246	62,273

圏域は以下のとおり区分している。
　北海道：北海道
　東北圏：青森，岩手，宮城，秋田，山形，福島，新潟
　首都圏：茨城，栃木，群馬，山梨，埼玉，千葉，東京，神奈川
　北陸圏：富山，石川，福井
　名古屋圏：長野，岐阜，静岡，愛知，三重
　近畿圏：滋賀，京都，大阪，兵庫，奈良，和歌山
　中国圏：鳥取，島根，岡山，広島，山口
　四国圏：徳島，香川，愛媛，高知
　九州・沖縄：福岡，佐賀，長崎，熊本，大分，宮崎，鹿児島，沖縄
資料：国土交通省（2007）より作成

　また，かつての全国総合開発計画に代わる国土形成計画の策定にあたり国土交通省を中心にさまざまな調査がなされたが，その一環として 2007 年 8 月に「集落の状況に関する現況把握調査」の結果が発表された（国土交通省 2007）。これによれば，日本全国に「10 年以内に消滅する集落」が 423，「いずれ消滅する集落」が 2,220 存在している（表 13-2）。この調査結果は市町村役場の担当者を介したアンケート調査に基づいているため，全国を網羅しているものの，回答については市町村や担当者の主観的判断が入る余地がある。そのため，筆者の判断としては消滅が危惧される集落数は過小評価されているように思えるが，多くのマスコミは集落が消滅するという現実をセンセーショナルに報道した。
　その結果，「限界集落」という表現は多くの国民が知るところとなり，近年では過疎地

域を離れ都市部における地区の小規模・高齢化問題においても用いられるようになった。その使用方法には疑問が残るものの（作野 2010），集落問題や人口減少問題に対して多くの国民が大きな関心を寄せる結果となった（小田切 2009）。また，過疎地域の一部集落に対しては「計画的な撤退」が提唱される（林・齋藤 2010）など，過疎集落の動態に注目が集まっている。

（作野　広和）

参考文献
阿藤　誠 2000.『現代人口学－少子高齢社会の基礎－』日本評論社.
伊藤達也 1984. 年齢構造の変化と家族制度の変化からみた戦後の人口移動の推移. 人口問題研究 172：24-38.
大野　晃 2005.『山村環境社会学序説－現代山村の限界集落化と流域共同管理－』農山漁村文化協会.
大野　晃 2008.『限界集落と地域再生』高知新聞社.
小田切徳美 2009.『農山村再生－「限界集落」問題を超えて－』岩波書店.
国土交通省 2007.「平成18年度国土形成計画策定のための集落の状況に関する現況把握調査　最終報告」.
作野広和 2010.「限界集落」の捉え方と「むらおさめ」に関する覚え書き. 島根地理学会誌 44：15-27.
林　直樹・齋藤　晋 2010.『撤退の農村計画』学芸出版社.
藤田佳久 1981.『日本の山村』地人書房.
三井田圭右 1994. 過疎地域とむらおこし. 川合元彦・野口泰生編『生活と環境－ジオグラフィックアプローチ－』137-149. 技術書院.

14 ライフコース，ライフヒストリーと移動歴

　ライフコースとライフヒストリーは，横断データから縦断データへ，量的分析から質的分析へという人口地理学の潮流に乗って発展してきた概念である。これらの概念を取り入れた研究は，人生の空間的軌跡としての移動歴を，時代背景やその人の前後の人生に位置付けて分析することを試みる。こうした研究にはアンケート調査や聞き取り調査によって得た独自のデータに基づくものが多く，できあいの統計からは得ることのできない新たな発見をもたらすことが期待される。

14.1　ライフサイクルとそれに対する批判

　卵からかえった幼虫がサナギになり，そしてチョウへと姿を変えるように，命あるものは加齢とともにその姿やふるまいを規則的に変えていく。こうした一連の変化は，ライフサイクルと呼ばれる。ライフサイクルは，自然科学の領域で生まれた考え方であるが，社会科学にも持ち込まれ，時間の経過とともに個人や世帯の状態が変化する様子を分析する枠組みとして定着した。人口地理学においても，進学，就職，結婚，子どもの誕生・成長といった典型的なライフサイクルを想定し，その進展が人口移動の発生要因であると考えることが一般化している。

　人間もまた生物であるが，他の生物とは多くの面で異なっている。人間の人生にも一定の規則性はある。だからこそ，自然科学発の考え方であるライフサイクルは，社会科学にも取り入れられた。しかし未婚率の急激な上昇や少子化の著しい進展が示すように，人間のライフサイクルはその時々の時代背景の影響を受けて，他の生物のライフサイクルと比べてはるかに短い期間で変化する。昆虫であれば，同時にふ化した幼虫がサナギになり，チョウになるまでの期間は大体同じとみてよい。しかし人間の場合，同じ時代に同じ年齢であっても，その暮らしぶりはきわめて多様である。

　また，人間以外の生物は，生まれてから死ぬまでの変化を宿命として受け入れるしかない。しかし人間は，さまざまな制約に直面しながらも，自ら考え，行動することで自分の人生を創り上げていくことができる。就職や結婚といった人間のライフサイクルを構成する出来事が人口移動を引き起こす主要な原因であることは間違いないが，引っ越しをするかしないか，するとしたらどこに引っ越すかといった意志決定は，それぞれの個人にゆだねられているのであり，運命によって決まっているわけではない。

　結局のところ，ライフサイクルの概念は，人間の人生が本来持っている多様性を，輪廻のような一つの枠に押し込めようとするものであった。それに違和感を覚えた研究者の一部は，聞き取り調査などに基づいて個人の生きてきた足跡（ライフヒストリー）を再構成し，そこに移動の経験を位置づけて理解しようとする方向へと向かった。一方で，多様な

人生を多様なまま描き出そうとするのもまた行き過ぎであると考え，ライフサイクルとライフヒストリーの中間に落としどころを求めるアプローチも生まれた。それがライフコース研究である。

14.2 ライフコース研究の問題意識

　ライフコースとは，つまり「人生」であるが，学問的な意味では，研究対象としての人生そのものを指す以外に，人生に対する特定の「見方」を指す概念でもある（中澤2008）。ライフコースの概念を用いた研究（以下，ライフコース研究）では，人生をさまざまな経歴の束としてとらえる（谷1997）。したがって移動歴は，職歴や家族歴などのほかの経歴とより合わさって，ライフコースを構成することになる。ライフコース研究では，分析の単位は個人であり，家族・世帯は複数の個人のライフコースが出会う場として把握される。

　ライフサイクルの概念が想定するように，人間の人生にも一定の規則性があることは確かである。ライフコース研究においても，年齢を重ねるにしたがって多くの人が共通して経験する状態の変化は，年齢効果という形で扱われる。これに加えて，個人の人生がその時々の時代背景から影響を受けることを重視する。これが時代効果である。

　阪神・淡路大震災は，震源地周辺に暮らす人々の人生に大きな影響を与える時代効果をもった出来事であった。しかし大震災を経験したのが幼児の頃であったのか，進学や就職を控えた時期であったのか，結婚を前にした時期であったのか，それともすでに定年退職した後であったのかによって，それが人生に及ぼす影響は大きく異なっていたであろう。このように，時代効果が世代ごとに異なる影響として現れることに注目したのが，コーホート効果である。ライフコース研究では，コーホート効果が特に重視され，同時出生集団であるコーホートを基準として，ライフコースと時代背景との関係を分析するところに特徴がある。

　コーホートに焦点を当てて大都市圏住民の移動歴の分析を試みよう（中澤2010）。戦後日本の人口移動を語る上では，高度経済成長期に大量の人口が非大都市圏から大都市圏に流入したことが欠かせない。伊藤（1984）によれば，この時期の移動者の多くは1925～1950年に出生しており，その人口学的特徴から，「多産少死世代」というひとつの大きなコーホートとみなすことができる。たしかに，伊藤（1984）のいう「多産少死世代」とほぼ重なる1931-35年出生コーホートから1956-60年コーホートは，0～4歳時点での東京圏居住者割合は低いが，10歳代後半から20歳代前半にかけて東京圏居住者割合が急速に高まっており，この間に多くの人口が非大都市圏から流入したことをうかがわせる（図14-1）。

　なかでもこうした傾向が顕著なのは，1941-45年コーホートから1951-55年コーホートである。これらのコーホートに属する非大都市圏出身者は，高度経済成長のまっただ中に就職を迎えたため，当時労働力不足に見舞われていた大都市圏に移動することが特に多かったと考えられる。また1946-50年コーホートから1956-60年コーホートでは，東京圏

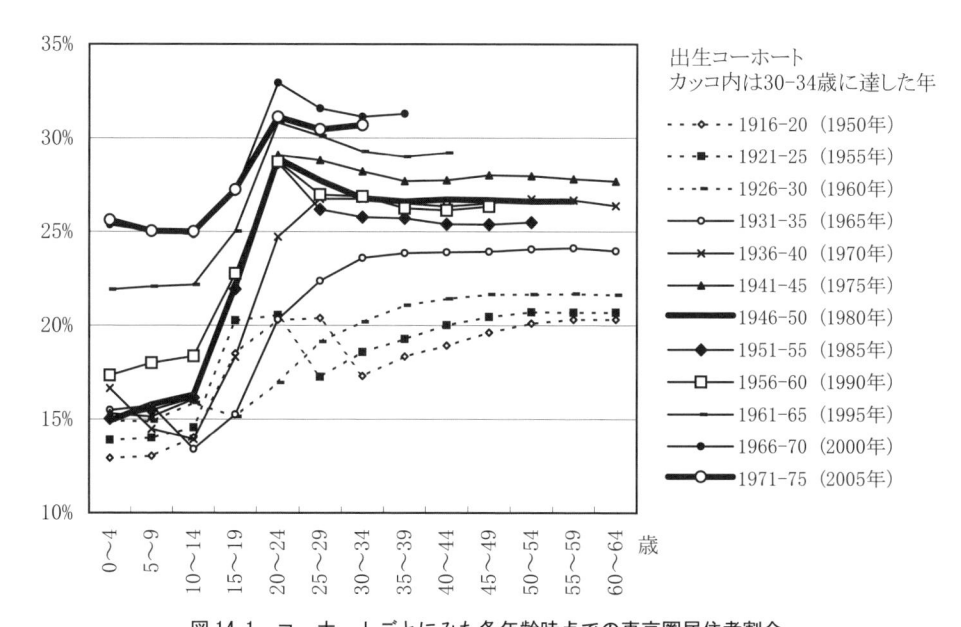

図 14-1 コーホートごとにみた各年齢時点での東京圏居住者割合
注）1945 年には国勢調査が行われていないため，1947 年に実施された臨時国勢調査の値を代用した．
資料：国勢調査により作成．初出は中澤（2010）．

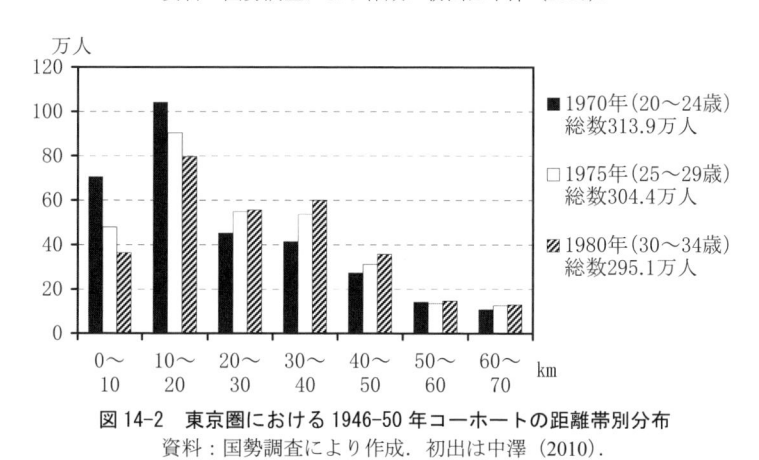

図 14-2 東京圏における 1946-50 年コーホートの距離帯別分布
資料：国勢調査により作成．初出は中澤（2010）．

居住者割合が 20～24 歳でピークを打った後に若干低下する。これは，1970 年代後半から顕在化した「U ターン現象」（江崎ほか 1999，2000）を反映していると考えられる。

次いで 1946-50 年コーホートを取り出し，東京圏内での居住地移動について簡単に考察しよう（図 14-2）。距離帯別割合をみると，20～24 歳時点では過半数が都心から 20 km 以内に居住していたが，20 歳代後半から 30 歳代にかけてその分布が急速に郊外化している。一時期を除いて，戦後日本の大都市圏の地価は 1990 年代初頭のバブル経済崩壊まで上昇を続けた。そのため，世帯の成長に合わせてより広い住まいを手に入れるためには，長距離通勤を覚悟の上で郊外に移動せざるを得なかったのである。

14.3　縦断データによる移動歴の分析

　以上の分析は，ある一時点における人口の状態を記録したデータ（横断データ）である国勢調査を，複数年次にわたってつなぎ合わせることで，個人の状態の変化をコーホートごとに再現したものである。こうした分析でも，移動歴を家族歴や職歴と関連付け，その時々の時代背景に照らして考察することはある程度可能であるし，一般にはライフコース研究に含まれる分析手法であるとみなされている。しかし時間軸に沿って一個人の人生を追跡したデータ（縦断データ）に基づくものではないので，そこから導き出されるライフコースはあくまでも架空のものである。また，一般に横断データでは移動歴が十分に把握できないため，人口分布の変動から発生したと考えられる移動を推測せざるを得ないことが多い。図 14-1，14-2 での分析がまさにそうであった。

　横断データに基づく分析の欠点を克服するため，人生をひとつながりのものとして把握し，分析する試みが始められた。データの正確を期すためには，同じ人に定期的に調査を行って，その人の状態の変化を記録しつづけるパネル調査が望ましい。しかし，調査の実現には莫大な手間と資金が必要であるうえ，利用可能なデータが得られるまでの時間も長い。そこで，調査対象者の記憶に基づいて個人の人生を復元する方法（回想法）を採る研究が一般的である。

　谷（1997）は，質問紙を用いた回想法に基づいて，名古屋圏郊外に位置する高蔵寺ニュータウンの住民の移動歴を分析している。非大都市圏出身の男性（夫）の大半は進学や就職をきっかけとして非大都市圏を離れ，結婚前の時点では中心市（名古屋市）に居住していた人が多い（図 14-3）。他方，女性（妻）は，結婚までは出身地に留まり，結婚と同時に郊外に直接流入する例が少なくなかった。対象者の移動性は，戸建持家を取得すると大きく低下していた。そこに至るプロセスを出身地ごとに比較すると，名古屋市出身の夫は戸建住宅に移動するまで名古屋市内に留まっていた人が多いのに対し，非大都市圏出身の夫は結婚直後の段階で郊外に移動するといった差異がみられる。また，結婚後に夫の転勤をきっかけとして名古屋圏に流入した世帯は，居住環境を重視して郊外に直接流入する傾向がある。

　こうした分析を踏まえ，谷（1997）は中心部への人口集積とそれに続く郊外化という日本の大都市圏の拡大過程が，「多産少死世代」に属するコーホートのライフコースと密接に関連していると述べている。この結論は，図 14-1，14-2 のような分析からも導き出せるかもしれない。しかし谷（1997）には，非大都市圏から大都市圏に移動する過程の男女差や，出身地の違いによる移動歴の差異など，縦断データを用いたからこそ発見できた事実が数多く盛り込まれている。そもそも独自に縦断データを集め，推測の域を出なかった大都市圏住民の移動歴を，客観的に把握したこと自体が学問的に重要な貢献である。このことは，いわゆる「Uターン現象」が，実際に非大都市圏出身者の還流移動によっていることを示した江崎ほか（1999，2000）にもいえることである。

　中澤（2002）は，九州各県で働く情報技術者という，より限定された人口集団のライフ

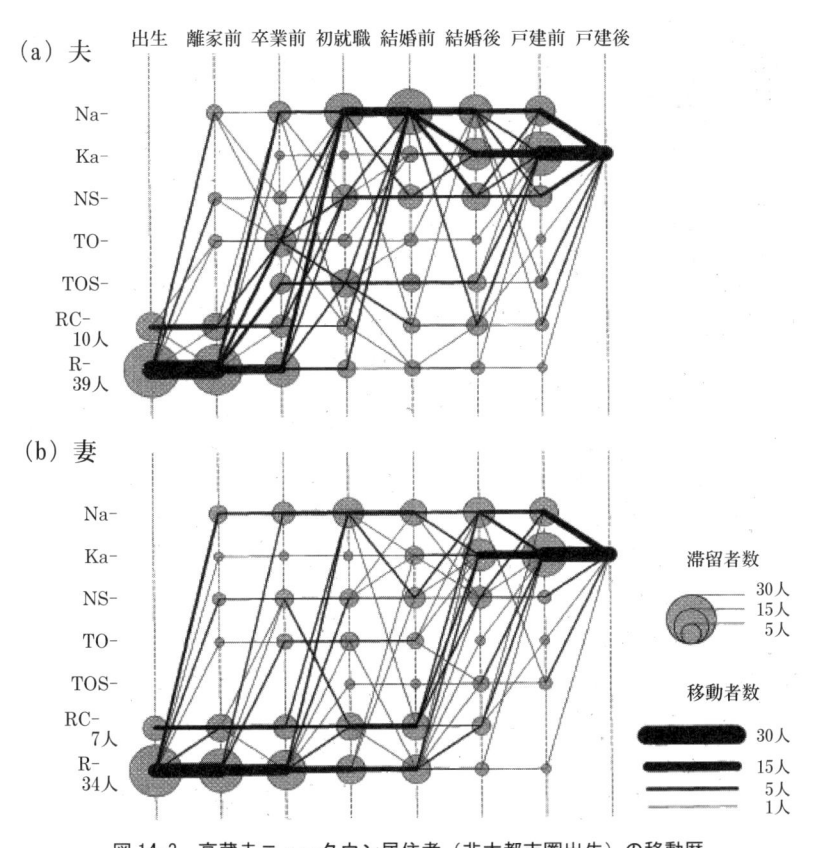

図14-3 高蔵寺ニュータウン居住者（非大都市圏出生）の移動歴
Na：名古屋市　Ka：春日井市　NS：名古屋圏郊外　TO：東京・大阪圏中心市
TOS：東京・大阪圏郊外　RC：地方中心都市　R：非大都市圏
出典：谷（1997）

コースを分析した。情報サービス産業では，1980年代にコンピュータの普及とそれに伴うソフトウェア需要の増大による深刻な人手不足が発生し，大手ソフトウェア企業はそれを解消する目的で非大都市圏への進出を活発化させた。非大都市圏の情報サービス産業を支える人材として重要であったのが，還流移動者であった。中澤（2002）の対象者のうち，35〜39歳（1962〜1966年出生）より年長者では，学卒直後の就職先が九州外であった者が約半数に上っていた。つまり，約半数は調査時点までに対象地域である九州にＵターン移動していた人々だったのである。

出身地へのＵターンを果たすことができた情報技術者にとって，非大都市圏でも情報サービス産業が成長し，出身地に雇用の受け皿ができていたことは幸いであった。しかし賃金を分析したかぎりでは，大都市圏で働いた経験は，転職先である出身地のソフトウェア企業では必ずしも評価されなかったようである。出身地で職を見つけることはできても，待遇面で満足できなかったためか，還流移動経験者の約半数は，Ｕターン移動後に再び転職を行っていた。職歴と移動歴を関連付けたこのような分析は，人生を諸経歴の束とみなすライフコースの考え方に沿ったものであり，独自の縦断データによってそれが可能になったのである。

14.4 ライフヒストリー研究がとらえようとするもの

　手持ちの英和辞典で count という単語を引くと，「数える」という意味のほかに，「重要である」という意味があることがわかる。従来の人口地理学は，count された数としての人口を，さまざまな手法によって分析すること（量的分析）に力を注いできた。これに対してライフヒストリー研究は，人を数として count するのではなく，ひとりひとりの人間が生きてきた経験や事実そのものを重視（count）する立場に立つ。そして主として聞き取り調査などの手法によって，客観的な事実だけではなく対象者の主観も大切にしながら，ある人の人生を再構成しようとする質的分析の方法をとる。

　個人の人生に焦点を当てる点では，ライフヒストリー研究とライフコース研究には共通点があるが，相違点も大きい。居住地移動を例に取れば，ライフコース研究では，居住地移動を行ったときの年齢やそれに伴う住居形態の変化など，客観的に把握できる側面を集計量に基づいて分析することが多い。したがって記述を豊かにするために事例として取り上げる場合を除けば，特定個人の人生を掘り下げて議論することは基本的にしない。これに対してライフヒストリー研究では，ある人がどのようないきさつから居住地移動を決意し，そのことがその後の人生にどのような影響を与えたのかを理解することに力点が置かれるため，移動者個人の人生に関して過去から未来までを視野に入れて解釈するような分析をすることになる。

　中澤ほか（2008）は，シンガポールで働く日本人女性を対象とした研究を行った。彼女たちが海外就職を選んだ背景には，就職難であった日本とは対照的に，シンガポールであれば日系大手企業にも比較的容易に就職できたことがある。加えて彼女たちのほとんどは，長短はともかくシンガポールに移住する以前に留学などを通じて海外生活の経験を持っており，そのことが海外就職に対する心理的抵抗を弱めていた。彼女たちの多くは，「結婚適齢期」や会社における女性としての立ち居振る舞いなど，日本に身を置く者として感じた「あるべき姿」を求める社会的なプレッシャーを，海外就職を検討したきっかけに挙げていた。一方で，シンガポールでも日系企業に就職し，日本の生活習慣を保持し，日本人中心の交友関係を築いていることが多かった。彼女たちは海外就職の経験を肯定的に評価しているが，現地で結婚した人を除けば，シンガポールへの定住意識は弱い。むしろ海外生活の中で日本人としてのアイデンティティを強く意識するようになり，いつかは日本に帰っていくことを予期する傾向にあった。

　日本をフィールドにした研究ではないが，もう一つだけ，日本人研究者が手掛けた興味深い研究を挙げておきたい。田中（Tanaka 2000）は南アフリカのプレトリアにおいて聞き取り調査を行い，人種・社会階層による都市内のすみ分け構造と関連付けながら都市住民の移動歴を分析した。アパルトヘイト政策は人種隔離政策であり，人種ごとの居住地区を強制的に設定した。そのため南アフリカの都市では，人種によるすみ分け（セグリゲーション）が現在でも明瞭であるが，アパルトヘイト廃止後は非白人がインナーシティに流入する一方で，裕福な白人は居住環境の悪化を恐れ，白人が集住する郊外に移動する傾向

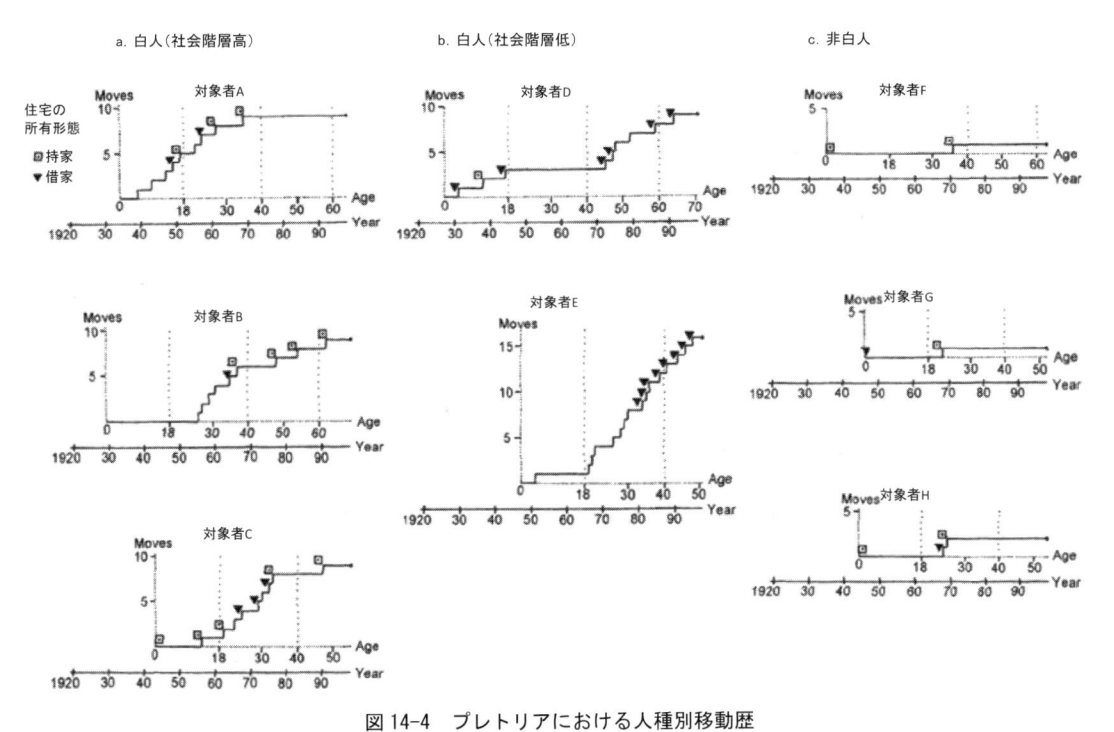

図 14-4　プレトリアにおける人種別移動歴
出典：Tanaka（2000; Fig7,8,9）より抜粋，一部改編．

にある。この傾向は田中の調査でも確かめられた。

　なお，白人は社会階層を問わず移動性が高かったが，非白人はアパルトヘイトに基づく強制移動を除けば，移動性がきわめて低い（図 14-4）。その背景には，非白人が親族やコミュニティに強い帰属意識を持ち，お互いに助け合いながら生活していることがあるという。移動歴に見られるこうした特徴は，南アフリカの都市においてアパルトヘイト廃止後も明瞭なセグリゲーションが残る背景をなしている。

　以上 2 つの事例からもわかるとおり，個人の移動歴はその人のアイデンティティと密接に関連している。アイデンティティは「自分とは何か」ということの認識であるから，もちろん個人の主観の産物である。それは人口移動を数として把握し，その量や方向性をいくら細かく検討しても，決して迫ることができないものである。ライフヒストリー研究は，人の移動という現象のうち，数値化することによって抜け落ちてしまう重要な側面を，何とかすくいあげようとする試みであるといえよう。

14.5　移動歴研究の魅力

　人口移動研究には，データの面では横断データへの依存から縦断データの整備へ，分析手法の面では量的分析への偏重から質的分析の発展へ，という大きな流れがある。ライフコース研究とライフヒストリー研究は，こうした流れの中に位置づけることができる。

　移動歴とは，人生の空間的軌跡である。人間はさまざまな局面において，与えられた選択肢の中から自分の住むべき場所を選択する。高度経済成長期に「多産少死世代」がその

移動歴を通じて郊外という新しい生活空間を誕生させてきたように，多くの人が同じような選択肢を選べば，それに応じて，環境の側が変化を余儀なくされる。

　また人間は，環境の制約を乗り越えて，新しい可能性を作り上げる意思と能力を持っている。背景となるいくつかの条件があったとはいえ，海外就職を決意した日本人女性たちは，人生の空間的軌跡における新しいルートを自ら切り開いたといえる。移動歴の研究は，人間がもつ可能性と人間が直面する制約とのせめぎあいを見据えることのできる，きわめて興味深い分野なのである。

（中澤　高志）

参考文献

伊藤達也 1984. 年齢構造の変化と家族制度からみた戦後の人口移動の推移. 人口問題研究 172: 24-38.

江崎雄治・荒井良雄・川口太郎 1999. 人口還流現象の実態とその要因－長野県出身男性を例に－. 地理学評論 72A: 645-667.

江崎雄治・荒井良雄・川口太郎 2000. 地方圏出身者の還流移動－長野県および宮崎県出身者の事例－. 人文地理 52: 190-203.

谷　謙二 1997. 大都市圏郊外住民の居住経歴に関する分析－高蔵寺ニュータウン戸建住宅居住者の事例－. 地理学評論 70A: 263-286.

中澤高志 2002. 九州における情報技術者の職業キャリアと労働市場. 地理学評論 75A: 837-857.

中澤高志 2008.『職業キャリアの空間的軌跡－研究開発技術者と情報技術者のライフコース－』大学教育出版.

中澤高志 2010. 団塊ジュニア世代の東京居住. 季刊家計経済研究 87: 22-31.

中澤高志・由井義通・神谷浩夫・木下礼子・武田祐子 2008. 海外就職の経験と日本人としてのアイデンティティーシンガポールで働く現地採用日本人女性を対象に－. 地理学評論 81: 95-120.

Tanaka, K. 2000. A preliminary analysis of spatial trajectories of residential migration in Pretoria, South Africa. *Geographical Review of Japan* 73B: 119-138.

15 人口統計と GIS

　　　　GIS の利用により，人口統計データを空間的な側面から分析することが可能となる。本章では，人口統計分析における GIS 利用に最適な小地域統計の整備状況や GIS の基本的構造について述べた後，実際に代表的な小地域統計である地域メッシュ統計を活用した分析例を紹介し，現段階で想定される若干の分析上の課題等に触れることとする。

15.1　GIS の重要性

　GIS（Geographical Information Systems：地理情報システム）は，「位置情報を有するデータを効率的に蓄積，検索，変換して，空間解析や地図出力，さらに意思決定支援を行うコンピュータ・システム」（村山 2005）などと定義される。1990 年代以降，GIS はわが国にも急速に普及し，今日では都市計画・防災・施設管理・エリアマーケティング・カーナビゲーションなど位置情報を取り扱う分野において必携のツールとなっている。パソコンの大幅な高性能化や各種地図・統計データのデジタル化など，GIS 利用のためのハード・ソフト両面の環境も飛躍的に向上している。

　2007 年に策定された「地理空間情報活用推進基本法」においては，国土の基盤となる地理空間情報が国民生活や国民経済にとって不可欠であるという観点から，地理空間情報の活用の推進に関する施策を総合的かつ計画的に推進することが目的とされている。GIS が今後さらに多くのユーザによって活用され，ますます重要な役割を担っていくことは確実であろう。

　こうした状況のなかで，GIS を人口統計分析に活用する研究も多く行われるようになってきており，今後いっそうの発展が期待される。国勢調査をはじめとする各種調査から入手可能な人口統計は，GIS の利用によって有用性が高まり，テーマ設定や分析の幅も格段に広がることとなる。以下では紙幅の都合もあるため，GIS を利用した人口統計分析に関して，いくつか重要なポイントに絞って述べることとする。

15.2　小地域統計について

　地域別の人口統計として，今日最も広く浸透しているのは都道府県別ないしは市区町村別のデータであろう。もちろん，こうした自治体境域の人口データを GIS で表示させるだけでも単なる指標以上の空間的情報が得られるが，GIS の持つ機能が十分に発揮されるのは，市区町村よりも小さな境域の小地域統計データの活用によってである。近年，国が実施する各種調査において小地域統計が表象されるようになっており，一部は地図データとともに「政府統計の総合窓口（e-Stat）」からフリーでダウンロード可能となっている。ここでは小地域統計の概要についてごく簡単に触れておく。

表 15-1 国勢調査において表象されている主な小地域統計

統計名	データ概要	作成年次
地域メッシュ	全国を緯度経度に基づいて分割した境域．2005年現在，4次メッシュ（約500m四方）データが全国をカバー．	1970年～
国勢統計区	主に人口20万人以上の都市を対象として設定．概ね小学校区の大きさに相当する人口約1万人の境域．	1970年～
基本単位区	恒久的な単位区域として設定．原則として一つの街区，または道路や河川など明瞭な地物によって囲まれた街区に相当する境域．	1990年～
町丁・字等	基本単位区を市区町村内の町・丁目・字等に集計した境域．	1995年～

出典：梶田（2008）および総務省統計局のWebサイトより作成

表15-1に，国勢調査において表象されている主な小地域統計の概要をまとめた．表には掲載していないが，国勢調査では現在も「調査区」という単位が設定されており，1985年以前の調査においては調査区を最小の単位区域としていた．一方，1990年以降の国勢調査において恒久的な単位区域として設定されているのが「基本単位区」であり，「地域メッシュ」や「町丁・字等」の統計などは基本単位区データをもとに作成されている．小地域統計に関する詳細な整備過程については梶田（2008）を参照されたい．

表中の小地域統計のなかで，地域メッシュ統計は，総合的な観点から最もGISでの利用に適していると考えられる．以下，地域メッシュ統計について説明することとする．

今日，国の各機関によって提供されている地域メッシュ統計は，「標準地域メッシュシステム」という緯度経度座標に基づく体系によって作成されており，緯度経度の幅によってさまざまな大きさの区画が階層的に設定されている．1970年の国勢調査においてはじめて，第3次地域区画（別名：基準地域メッシュ，3次メッシュ）と呼ばれる約1km四方の区画のデータが全国的に整備されたが，近年の国勢調査等ではこれをさらに細分化した分割地域メッシュのデータも作成されるようになってきている．

このように地域メッシュ統計が拡充されてきた背景には，メッシュ自体の分析上の利点が挙げられる．上記のように緯度経度座標で区切られた境域であるため，ひとたび設定されれば市区町村のように境域が変化することはなく，時系列分析に適している．ただし2002（平成14）年の測量法の改正によって，緯度経度が従来の日本測地系に代わって世界測地系に基づいて表示されるようになり，これに伴い，緯度経度座標を基準として設定されている地域メッシュの区画も変更されることとなった．現在は日本測地系に基づく地域メッシュ統計と世界測地系に基づく地域メッシュ統計が併存している状況であるが，順次，世界測地系の方に移行する流れとなっている（測地系は地球上の位置座標を定める際の基準となる条件のことを指し，測地系によって緯度経度座標の取り方が異なる）．

また，正方形に近い境域であるために，距離に関する分析が容易であり，GISにおいて扱いやすいデータ形式となっていることも特徴のひとつである．地域メッシュ統計に関して，より詳しくは小西・田村（2007）を参照されたい．

地域メッシュ統計を中心として小地域統計は比較的早い段階から整備されてきたが，GIS が浸透する以前においては紙媒体でのデータ提供が主体であり，小地域統計の利用法は限定的とならざるを得なかった。小地域統計の利点を十分に生かした分析は，データの電子化と GIS の急速な普及によってはじめて可能になったといえる。

15.3 GIS の基本構造

GIS の持つ豊富な機能については数多くの文献において紹介されている（たとえば，村山 2005; Longley *et al.* 2005）。詳細についてはそれらをご参照いただくこととし，本節では最低限の知識として必要と考えられる基本構造についてのみ触れる。

GIS で利用可能な，位置情報などが数値化されたデジタル地図データは，ラスターデータとベクターデータの 2 つに大別される。ラスターデータは実世界が細かいセルで表現されたデータであり，衛星画像や航空写真などの画像データがこれに相当する。ラスターデータはデータの構造が明快であるなどの長所の反面，セルを細かくすればするほどデータ容量が膨大となる短所もある。これに対しベクターデータは実世界が図形で表現されたデータで，ポイント（点）・ライン（線）・ポリゴン（面）の 3 要素から成り（表 15-2），これらを総称してオブジェクトとも呼ばれる。たとえば上記の地域メッシュはポリゴンのベクターデータであるが，ラスターの利点も併せ持った地図データであるといえる。

さらに GIS では，地図データと統計データを一体化させて分析できることが最大の特徴であろう。たとえば行政区画には自治体名や人口・世帯数，建物には延べ床面積や階数といった属性情報が付随するが，これらをすべて地図データの属性テーブルとすることが可能である。通常，GIS で利用可能な地図データの属性テーブルにはそれぞれのオブジェクトに対して固有の ID 番号が付与されている。たとえば基準地域メッシュの地図データの属性テーブルには，緯度経度等によって規則的に定められた 8 桁のコードが入力されている。また，基準地域メッシュの統計データにも同様に 8 桁のコードが入力されている列が存在する。したがって，同じコードのデータを相互参照させることによって，統計データは地図データの属性テーブルとなり，統計データに対して GIS の持つ各種空間解析が適用できるようになる（図 15-1）。

また，GIS による分析では，各地図データをレイヤー（層）として重ね合わせて管理することが可能である。紙媒体の地図では書き込める情報に限界があり地図の保管等にも難があるが，レイヤーは透明なフィルムのようなもので，好きなだけ地図データをオーバー

表 15-2　ベクターデータの 3 要素

要素	形状の例	データの例
ポイント（点）	● ●　●	駅，各種施設，気象観測点など
ライン（線）	∨	鉄道，道路，上下水管など
ポリゴン（面）	⬠	土地境界，各種行政区画，湖など

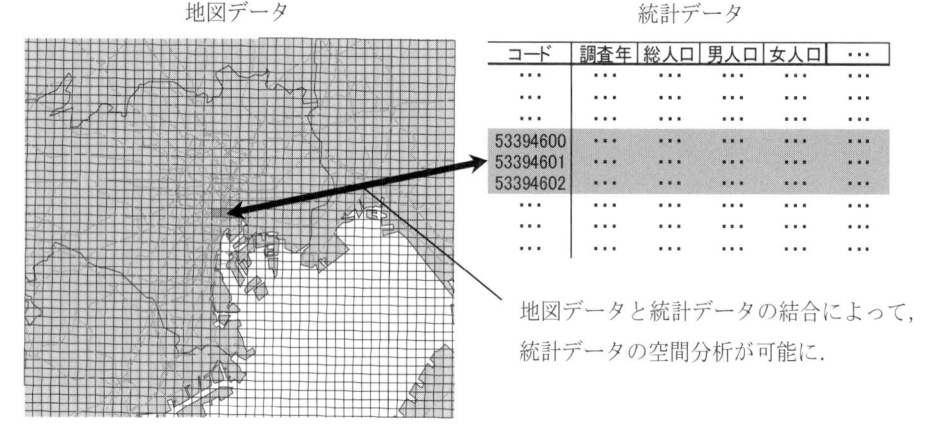

図15-1　地図データと統計データの結合

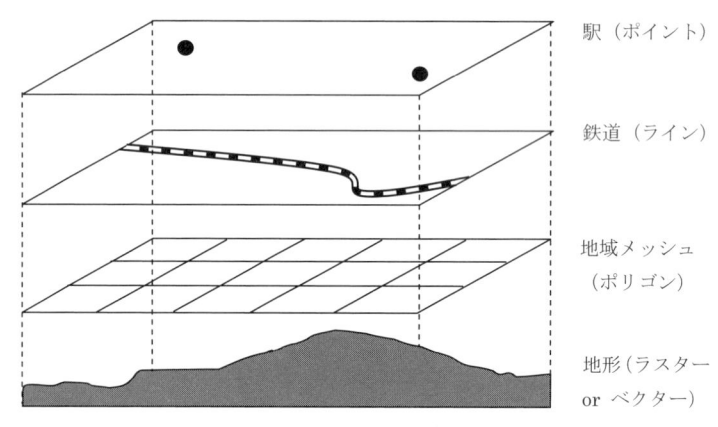

図15-2　レイヤー重ね合わせの例

レイする（重ね合わせる）ことができる（図15-2）。分析を行う際は，関連するデータを可能な限り収集してGIS上にレイヤーとして取り込んだ後，必要に応じてレイヤーを取捨選択すればよく，この点もGISの大きなメリットである。

人口地理学の分析においては人口統計データのほか，国土地理院の基盤地図情報サイトからダウンロード可能な海岸線・道路縁・標高点などの地図データも有用である。こうしたデータを活用すれば，人口統計と地形やインフラなどの自然社会データとがオーバーレイされ，分析の可能性は大きく広がることになる。

15.4　実際の分析例：地域メッシュ統計を利用した人口変動分析

本節では，GISを人口変動分析に適用した例を紹介する。GISは多種多様な空間解析機能を有しているが，特に距離に関する分析機能を使い，国勢調査の地域メッシュ統計から，東京圏における人口変動およびその時空間的変化を都心からの距離帯別，セクター（鉄道沿線）別に分析した。

基準地域メッシュ別の男女5歳階級別人口データは，1980年の国勢調査から継続的に得られる。したがって，都道府県別生命表等から算出される国勢調査間の5年間における

年齢別の生残率を利用すれば，年齢階級ごとに純移動数が推定できる。これをすべての男女年齢について足し上げることによって同期間の社会増減数が算出され，各メッシュの総人口変化から社会増減数を差し引けば自然増減数も推定できることになる。本分析ではこの考え方に基づき，1980年から2005年まで25年間における社会増減数・自然増減数を基準地域メッシュごとに算出した。

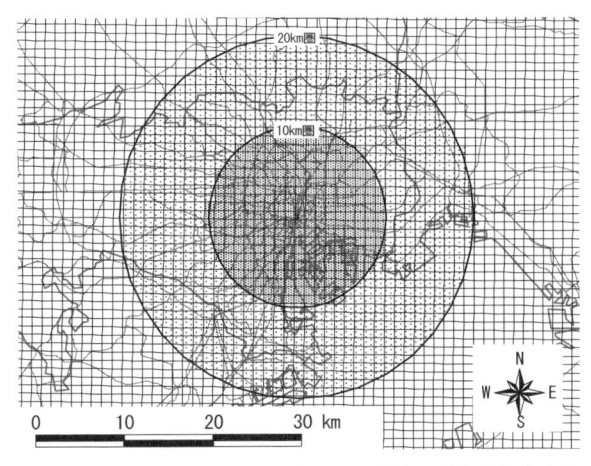

図15-3 東京駅から10km圏内・20km圏内に重心が存在する基準地域メッシュの抽出

　GISは距離に関してもさまざまな分析機能を有しているが，その最も基本的な機能の一つがバッファリングである。これは任意のポイントやラインなどから指定された距離内に存在するオブジェクトを抽出する機能であり，商圏分析などでも多用されている。ほぼ等面積で形状が一定である地域メッシュ統計を利用すれば，バッファリングによって，精度の高いオブジェクト（ここではメッシュ）の抽出が可能である（図15-3）。

　バッファリングの機能を利用して，推定された各期間のメッシュ別の社会増減数と自然増減数を都心（東京駅とした）からの距離帯別に集計し，期間ごとの社会増減率と自然増減率を求めた結果を図15-4に示す。本図によれば，自然増減は都心に近いほど低いパターンを維持しながらほぼ一律に低下しているのに対し，社会増減の変化は各距離帯とも期間を通じて著しい。近年の都心回帰も，もっぱら人口移動傾向の変化によるものであったことが察せられる。

　また，都心から郊外に延びる主要鉄道路線から1km以内に重心が存在するメッシュをバッファリングによって抽出したセクター別の分析からは，概ね南西側に延びる沿線から北東側に延びる沿線へと社会増減の変化が波及する傾向が認められる一方で，自然増減は比較的近接した沿線間でも大きく異なるケースがあり，沿線ごとの居住者層の特徴が反映される結果となった。本分析においては，GISの利用なしでは得難かった知見も多く，GISと地域メッシュ統計の利点を生かした分析の一例といえるだろう。より詳しくは小池（2010）を参照されたい。

　GISを利用した人口統計分析は，人口分布に基づく施設の適正配置化，人口分布変化と土地利用変化や環境負荷との関連の解明，交通路新設・廃止に伴う人口分布への影響など，他にも数多く想定される。その際，人口データとして小地域統計の活用が特に期待されるが，小地域統計は自治体境域のデータと比較してデータ項目が限定されるのがやや難点である。したがって上記の自然増減と社会増減のように，既存データから表象されていないデータを何らかの形で推定することも分析の幅を広げるひとつの手段といえる。

第15章　人口統計とGIS　119

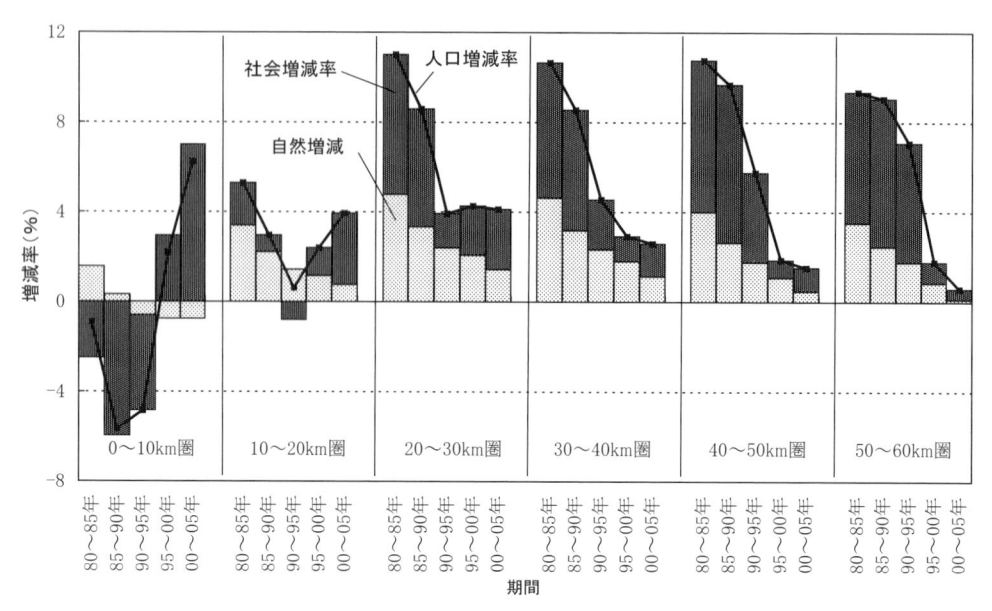

図 15-4 都心からの距離帯別，自然増減率・社会増減率の推移
出典：小池（2010）

15.5 今後の展望と課題

近年，各種 GIS ソフトウェアの操作性は大幅に向上し，すぐれたマニュアル本も多く刊行されていることから（たとえば，佐土原ほか 2005; 高橋ほか 2005; 後藤ほか 2007），GIS の初心者でも手軽に高度な空間分析を適用できるようになってきている。人口地理学が課題としている諸テーマに対する GIS の潜在的可能性は計り知れず，GIS 利用による人口統計分析が今後ますます活発に行われるようになることは疑いない。

ただし，主にデータ面での課題はいくつか残されている。まず，小地域統計の表象の問題が挙げられる。地域メッシュ統計などでは主にプライバシーに配慮して，人口規模や事業所規模の小さい境域の多くについて秘匿と呼ばれる措置が施されており，年齢別人口など正確な数値を把握することができない。このため，小地域統計を用いた時系列データ処理や，地図データと結合させた後の分析には注意を要する。

また，今日入手可能なデジタル地図データは近年になって急速に整備されてきたことから，現時点において時空間分析には一定の限界がある。たとえば比較的長期間にわたる地域人口の空間的な変化パターンを外的要因から説明しようとする場合，過去の交通網や施設などのデジタルデータがわずかしか存在しないため，社会経済情勢などと絡めた分析はきわめて難しい。しかしこの問題点は，今後地図データが蓄積されていくにつれて次第に解消されていくだろう。

さらに重要なのは，けっして GIS がすべての問題を解決してくれるわけではないという点である。あくまでも GIS は設定されたテーマに対する理解をサポートするためのツールであり，本書に記されているような人口地理学の基礎知識や一連の分析プロセスの組み

立てがつねに基本に据えられるべきである。そのなかでいかに GIS を効果的に活用できるかについては，利用可能な統計データ・地図データを考慮に入れながら模索していく必要があるといえよう。

（小池　司朗）

参考文献

梶田　真 2008. 国勢調査における小地域統計の整備過程とその利用可能性. 東京大学人文地理学研究 19: 31-43.

小池司朗 2010. 首都圏における時空間的人口変化－地域メッシュ統計を活用した人口動態分析－. 人口問題研究 66(2): 26-47.

後藤真太郎・谷　謙二・酒井聡一・加藤一郎　2007.『MANDARA と EXCEL による市民のための GIS 講座－パソコンで地図をつくろう－』古今書院.

小西　純・田村朋子 2007.「地域メッシュ統計」の作成方法の変遷と今後の利用について. エストレーラ 155: 10-18.

佐土原　聡・吉田　聡・川崎昭如・古屋貴司 2005.『図解！ArcGIS －身近な事例で学ぼう－』古今書院.

高橋重雄・井上　孝・三條和博・高橋朋一編 2005.『事例で学ぶ GIS と地域分析－ ArcGIS を用いて－』古今書院.

村山祐司編 2005.『シリーズ人文地理学 1　地理情報システム』朝倉書店.

Longley, P. A., Goodchild, M.. F., Maguire, D. J. and Rhind, D. W. 2005. *Geographical information systems and science*. England: John Wiley & Sons.

【コラム】日本の将来推計人口

　将来推計人口は，年金をはじめとする社会保障制度の設計や，国・地方自治体が行う各種の国土計画・地域計画のほか，民間企業による交通需要予測や商圏分析など，さまざまな社会経済活動の基礎資料として多用されている。

　国立社会保障・人口問題研究所では，毎回の国勢調査人口を基準値として，全国と地域別（都道府県別・市区町村別）の将来人口推計を行っている。2005 年国勢調査を基準とした推計では，全国は基準時点から 50 年後までを 1 年ごと男女各歳別に，地域別では基準時点から 30 年後までを 5 年ごと男女 5 歳階級別に推計している。推計は，人口の変化をもたらす出生・死亡・移動について，将来の仮定を設定するコーホート要因法と呼ばれる人口学的方法に基づいて行われている。

　まず今日までの国勢調査や全国推計の結果等をもとに，過去から将来の全国の総人口推移を図1に示した。本推計によれば，今後わが国の総人口は一貫して減少し，推計の最終時点である 2055 年には 8,993 万人となり，ほぼ 1955 年の人口規模に逆戻りする。

　しかし，2055 年の年齢構造は 1955 年の年齢構造とは大きく異なる。1955 年で 33.4％であった年少（0～14 歳）人口割合は，既

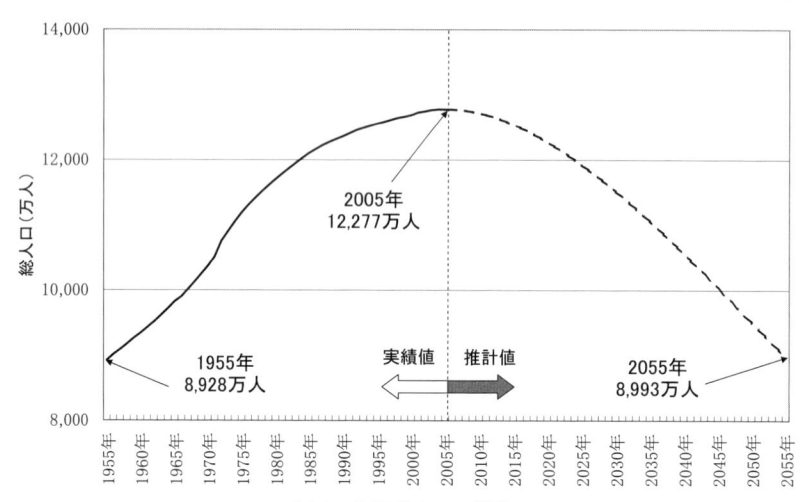

図1　全国総人口の推移
注：1955年～1971年は沖縄県の人口を含まない．
資料：国勢調査，総務省統計局の人口推計，国立社会保障・人口問題研究所『日本の将来推計人口（平成18年12月推計）』．推計値は「出生中位・死亡中位」の仮定に基づく．

に2005年において13.8％まで低下しているが，2055年にはさらに低下し，8.4％になると推計されている。一方，老年（65歳以上）人口割合は，1955年で5.3％，2005年では20.2％であるが，2055年には40.5％まで上昇すると推計されており，少子高齢化は今後さらに著しく進展する見込みである。

このように国全体では本格的な人口減少社会に突入するが，地域別にみても全国的に人口減少圧力は強まる一方となる。2005年の都道府県別総人口と，都道府県別推計による2035年の総人口を比較すると，2035年の数値が2005年を上回るのは東京都と沖縄県のみであり，その他の道府県ではすべて30年間で総人口が減少する（図2）。市区町村別推計の結果をみても，2035年の総人口が2005年の総人口を上回る自治体は全体のわずか8.1％にとどまり，その大半は三大都市圏に属する自治体となっている。

一方で，大都市圏の自治体においては老年人口が急増すると推計されている。これは高度経済成長期に大量に流入した「団塊の世代」を中心として，2010年代以降に老年人口と

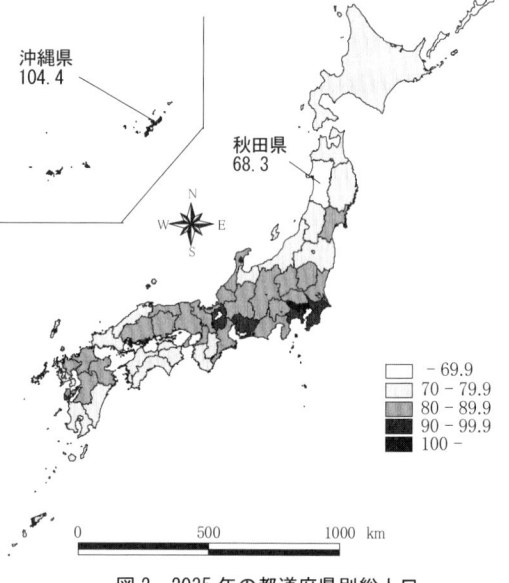

図2　2035年の都道府県別総人口
注：数値は2005年の総人口を100とした場合
資料：国立社会保障・人口問題研究所『日本の都道府県別将来推計人口（平成19年5月推計）』

なる世代の人口規模が厚いことによる影響が大きい。今後，高齢化は，非大都市圏よりもむしろ大都市圏において，より深刻な問題となることが予測される。

（小池　司朗）

索　引

【ア　行】

空きの巣　77
アパルトヘイト　112,113
一極集中　4,32,33,92,93,99,102
1.57 ショック　12,19
移動効果指数　70
移動選択指数　72
移動の法則　31
移動の理由　30
田舎暮らし　77
移民　17,39,41,46-48,66,90
引退移動　38,77
インナーシティ　43,46,48,49,112
永住者　40,44
疫学的転換　21,22,27
SMEA　84-88
エスニック・ビジネス　49
エスニック・マイノリティ　41,46,47
エスニック・マジョリティ　46,48
縁辺集落　99,104
横断データ　107,110,113
大阪圏　4,32,52,59,67,72,91-93,99,102
オーバーレイ　118
オールドカマー　44,46,47
オブジェクト　117,119

【カ　行】

外国人登録　43
外国人労働力　37,38,44
介護保険制度　79,81
回想法　110
核家族　51,53,56,88,91,94
核家族化　51,56
過疎　21,31,99,102-104
過疎地域　52,102-106
過疎法　104
過密　31,99,103
カルトグラム　25
感染症　20-22

還流移動　34,110,111
帰還移動　34,91
期首人口　2
基準地域メッシュ　116-119
基本単位区　5,116
期末人口　2
逆都市化　88,89
逆パラサイト　53
逆流　9,33
強制的移動　39
挙家離村　103
居住地移動　43,48,49,109,112
居住地変更　36,37
空間スケール　20,28
グローバル都市地域　89
計画的な撤退　106
傾斜格差指標　24
結婚　1,15-17,30,41,53,55-57,60-62,74,75,87,
　　88,91,93,96,107,108,110,112
結婚難　57,61
限界集落　99,104,105
健康寿命　77
健康の社会的勾配　27
現在人口　1
公営住宅　46,54
郊外化　5,27,31,32,88,89,93,95,109,110
郊外分散　87,88
後期高齢者　66,79
合計出生率（TFR）　12-19,50,60,66,69,100
公衆衛生　21,24
構成効果　27,28
高度経済成長　101,103
高度経済成長期　4,8,9,72,74,87,91-93,96,99,
　　100,102,104,108,113,122
向都離村　84,103
高齢化　12,13,16,22,27,44,50,53,65-67,69,70,
　　73,80,82,91,96,97,99,105,106,122
高齢化社会　50,65,73
高齢人口　65,70,73

高齢人口移動　70,71
コーホート規模　33,50
コーホート効果　108
コーホート要因法　121
国際観光旅行　37
国際結婚　38,41,57,61
国際人口移動転換　36,39
国際ツーリズム　38
国際労働移動　39
国勢調査　1,2,5,29,44,45,47,51,53,60,65,70,71,
　　73,74,77,91,95,110,115,116,118,121
国土形成計画　105
国内人口移動　8,29,36,50
婚姻率　54
婚外子　60
コンパクト・シティ　98

【サ　行】

サービス経済化　102
再都市化　88,89
在留外国人　37,43-45,47
在留資格　43,44,48
産業社会化　99,100
3K　48
サンシティ　82,83
三大都市圏　4,31,45,67,69,78,79,91,92,122
GIS　115-121
Jターン移動　88
市区町村別推計　122
事実婚　55,56,60
自然減少　104
自然増加　2,3,17,91
自然増加数　2
自然増加率　17,35,99,100
自然増減率　119,120
時代効果　108
市町村合併　1,2,5
十干十二支　19
質的分析　107,112,113
ジップの法則　11
死亡率　12,14,15,20-22,25,26,34,50,57,58,65,
　　66,97,99
社会階層　27,43,48,49,75,112,113
社会増加　2,17
社会増減　34,119

社会増減率　119,120
社会的空白地域　104
社会的ネットワーク　38,41,47
首位都市　11
集住地　46-49
住宅すごろく　74,75,77,93
集団就職　31,72,100
縦断データ　107,110,111,113
住民基本台帳人口移動報告　29,30
出産調整　19
出生数　2,3,12-15,17-19,31,33,65,66
出生性比　57,59
出生率　12,13,15,17,49,50,56,65,67,99,100
首都圏　46
主流　9,33
順位規模法則　11
純移動数　119
生涯未婚率　60,63
少産動機　14,15
少子化　12-19,35,50,56,60,91,98,107
少子高齢化　21,50,90,122
常住人口　1,2,82,84
小地域人口　1
小地域統計　115-117,119,120
情報サービス産業　111
消滅集落　99,105
将来推計人口　97,121
職住近接　96
食糧自給率　7
所得格差　22,24
シンガポール　6,39-41,112
人口移動　4,5,8,17,22,29-33,36,39,57-60,70,84,
　　87,91,95,99-102,107,108,113,119
人口減少期　88,89
人口減少時代　2,89
人口減少社会　90,104,122
人口構造　17,78,93,94,101
人口再集中化　9,88,89
人口シェア　67
人口重心　1,6-8
新興住宅地　91,93,94,96,98
人口集中指数　1,6,9,10
人口集中地区　4,5
人口増加曲線　89
人口転換　15,30,33,50,56

人口統計　1,29,115,118-120
人口動態統計　1,60,62
人口（の）高齢化　22,65,70
人口置換水準　13,14,17
人口の都市化　99
人口倍増期間　3
人口比重　4,5,9
人口ピラミッド　94,95,97
人口変動分析　118
人口密度　1,5-7,25,89
人口密度曲線　89
壬申戸籍　99
進展度　69,70
生活習慣病　20,21
生産財　101
西漸運動　8
性比　57-60
西部開拓　8
世界都市　32,39,52
世帯の多様化　50,53,56,61,90
全国推計　121
全国総合開発計画　32,105
潜在的他出者　101
属性テーブル　117
測地系　116
措置制度　79,81

【タ　行】
第1次ベビーブーム　13,14,65,66,72
第1次ベビーブーム世代　91,93,96,97
対数正規分布　11
大都市圏　4,5,8,9,17,18,20,22,24-27,29,31-34,
　　52,54,55,59-61,64,67,69-72,77,82,86-88,91-
　　93,96,99-103,108-111,122
第2次ベビーブーム　2,13
第2次ベビーブーム世代　96
第2の過疎　102
第2の人口転換　15,50
多核化　90
多産少死　50,91,101
多産少死世代　108,110,113
団塊ジュニア世代　94,96
団塊の世代　13,33,74,87,91,93,94,96,97,122
単核的都市構造　89
単独世帯　12,50-53,73,75

たんぽぽの会　41
地域人口統計　1
地域メッシュ統計　115-120
地方圏　17,18,75,77,78,82,99-104
中華街　49
中山間地域　104
長期滞在者　40,41
調査区　5,116
町丁・字　44,47,116
直系家族制　52,73
通婚圏　61
DID　5
TFR　12,50
定住化　47,48
DINKs　51
転出数　17,70,92
転出超過　32,58,71,92,95,102
転入数　17,70,92
転入超過　29,30,32,33,35,58,71,92,95,96,102
同化　47,49
東京圏　4,8,26,30-32,34,52,53,59,62,64,67,72,
　　91-97,99,102,108,109,118
同胞人口　49
登録外国人　43
ドーナツ化現象　87,88
特殊人口密度　7
特別永住者　44
都市化　5,14,21,62,64,84,86,88,89,99
都市人口割合　99,100
都市発展段階仮説　88
都心回帰　5,27,32,51,93,95,96,119
都道府県別推計　122
トランスミグラシ　6

【ナ　行】
名古屋圏　4,67,91,92,99,102,110
なし崩し的過疎　103
難民　38,39
日本住宅公団　93
日本人女性　41,55,112,114
ニューカマー　44,46,47
入管法　44
入国管理および難民認定法　43
入国超過数　2,3
ニュータウン　87,91,93,96,110

年平均人口増加率　2,3
年齢構造　78,81,97,121
農用地人口密度　7

【ハ　行】

倍加年数　66
バッファリング　119
パネル調査　110
バブル経済　9,26,32,59,88,95,96,102,109
パラサイト・シングル　52,53,62
パレート曲線　11
晩婚化　15,17,52,57,60,62,64
晩産化　15
非合法移動者　39
非婚化　52,57,60,64
ヒスパニック　9
非正規移動者　39
非大都市圏　4,5,9,22,25,26,31-35,52,54,59,67,
　　70,72,87,91,93,99-102,108,110,111,122
非嫡出子　55,56
ひとり親世帯　50,53,54
丙午　14,19
標準化死亡比（SMR）　25
標準世帯　50,51
標準大都市雇用圏　84
貧困の女性化　50
夫婦家族制　52,73
夫婦のみ（の）世帯　51,73,77
父子世帯　54
普通人口密度　7
プッシュ要因　39,101
不法滞在者　36
プライメイトシティ　11
プル要因　39,101
分割地域メッシュ　116
文脈効果　27,28
平均寿命　17,21,22,24,57
平均初婚年齢　60,62,63
ベクターデータ　117
ポイント　117,119

補間補正人口　1
母子世帯　50,51,54,55
ホスト社会　48,49
北海道開拓　7,8
ポリゴン　117

【マ　行】

慢性疾患　21,22
未婚化　15,17,57,60-62,64
未婚率　50,60-64
密航者　36
南アフリカ　112,113
モータリゼーション　27,88,94,97

【ヤ　行】

優生保護法　14
Uターン移動　9,32,34,88,91,96,111
Uターン現象　109,110

【ラ　行】

ライフコース　74,75,107,108,110-113
ライフサイクル　107,108
ライフスタイル　50,88,93
ライフステージ　74
ライフヒストリー　107,108,112,113
ライン　117-119
ラスターデータ　117
ランクサイズルール　11
離家　75
離婚率　50,53-56
リタイアメント・コミュニティ　82
リトルトーキョー　41
留学　38,40,41,44,112
量的分析　107,112,113
レイヤー　117,118
労働力人口　77,78
労働力率　77,78
老年人口　65-67,69,97,122
老年人口割合　65-67,69,70,97
ロードサイドビジネス　94

執筆者紹介（執筆順）

山内　昌和（やまうち　まさかず）
　1973年生まれ。東京大学大学院総合文化研究科博士課程修了。現在，国立社会保障・人口問題研究所人口構造研究部第1室長。博士（学術）。2章を担当。

中谷　友樹（なかや　ともき）
　1970年生まれ。東京都立大学理学研究科地理学専攻博士課程修了。現在，立命館大学文学部教授。博士（理学）。3章を担当。

清水　昌人（しみず　まさと）
　1969年生まれ。東京大学大学院総合文化研究科博士課程中退。現在，国立社会保障・人口問題研究所情報調査分析部第3室長。修士（学術）。4章を担当。

由井　義通（ゆい　よしみち）
　1960年生まれ。広島大学大学院文学研究科博士課程後期単位修得退学。現在，広島大学大学院教育学研究科教授。博士（文学）。7章を担当。

中川　聡史（なかがわ　さとし）
　1963年生まれ。東京大学大学院理学系研究科博士課程中途退学。現在，神戸大学経済学研究科准教授。理学修士。8章を担当。

平井　誠（ひらい　まこと）
　1972年生まれ。筑波大学大学院博士課程地球科学研究科修了。現在，神奈川大学人間科学部教授。博士（理学）。9章を担当。

山神　達也（やまがみ　たつや）
　1974年生まれ。京都大学大学院文学研究科博士後期課程修了。現在，和歌山大学教育学部准教授。博士（文学）。11章を担当。

江崎　雄治（えさき　ゆうじ）
　1967年生まれ。東京大学大学院理学系研究科地理学専攻博士課程中退。現在，専修大学文学部教授。博士（理学）。12章を担当。

作野　広和（さくの　ひろかず）
　1968年生まれ。広島大学大学院文学研究科博士課程後期単位取得済満期退学。現在，島根大学教育学部教授。修士（文学）。13章を担当。

中澤　高志（なかざわ　たかし）
　1975年生まれ。東京大学大学院総合文化研究科博士課程修了。現在，明治大学経営学部教授。博士（学術）。14章を担当。

小池　司朗（こいけ　しろう）
　1971年生まれ。東京大学大学院総合文化研究科博士課程修了。現在，国立社会保障・人口問題研究所人口構造研究部第2室長。博士（学術）。15章，15章のコラムを担当。

編者紹介

石川　義孝（いしかわ　よしたか）
1953 年生まれ。京都大学大学院博士課程中退。京都大学文学部助手，奈良大学文学部専任講師，大阪市立大学文学部助教授を経て，現在，京都大学大学院文学研究科教授。博士（文学）。著書に『空間的相互作用モデル─その系譜と体系─』（地人書房，1988 年），『人口移動の計量地理学』（古今書院，1994 年），編著に『人口移動転換の研究』（京都大学学術出版会，2001 年），『アジア太平洋地域の人口移動』（明石書店，2005 年），『人口減少と地域─地理学的アプローチ─』（京都大学学術出版会，2007 年），共編著に *The new geography of human mobility: inequality trends?*（Società Geografica Italiana，2003）等がある。5 章，6 章を担当。

井上　孝（いのうえ　たかし）
1959 年生まれ。筑波大学大学院博士課程地球科学研究科単位取得済満期退学。筑波大学地球科学系助手，秋田大学教育学部助教授を経て，現在，青山学院大学経済学部教授。博士（理学）。共編著に『日本の人口移動─ライフコースと地域性─』（古今書院，2002 年），『事例で学ぶ GIS と地域分析─ArcGIS を用いて─』（古今書院，2005 年），『現代人口辞典』（原書房，2010 年）等がある。1989 年日本地理学会研究奨励賞，2006 年シンフォニカ統計 GIS 活動奨励賞。1 章，1 章と 2 章のコラムを担当。

田原　裕子（たはら　ゆうこ）
1967 年生まれ。東京大学総合文化研究科広域科学専攻博士課程修了。東京大学大学院総合文化研究科・教養学部助手，國學院大學経済学部助教授を経て，現在，國學院大學経済学部教授。博士（学術）。共編著に『中国都市の生活空間─社会構造・ジェンダー・高齢者─』（ナカニシヤ出版，2008 年），論文に「高齢者の居住地移動と地域の経済・財政に関する考察」（樋口美雄ほか編『人口減少社会の家族と地域─ワークライフバランス社会の実現のために─』）（日本評論社，2008 年）等がある。10 章，10 章のコラムを担当。

書　名	**地域と人口からみる日本の姿**
コード	ISBN978-4-7722-5253-9　C3036
発行日	2011（平成 23）年 3 月 20 日　初版第 1 刷発行 2014（平成 26）年 10 月 10 日　初版第 2 刷発行
編　者	**石川義孝・井上　孝・田原裕子** Copyright　©2011 ISHIKAWA Yoshitaka, INOUE Takashi and TAHARA Yuko
発行者	株式会社古今書院　橋本寿資
印刷所	理想社
発行所	（株）古 今 書 院 〒101-0062　東京都千代田区神田駿河台 2-10
電　話	03-3291-2757
ＦＡＸ	03-3233-0303
ＵＲＬ	http://www.kokon.co.jp/
	検印省略・Printed in Japan